# 멀어지기_____연습

김인구 지음

리브레토

## 우리는 가까워지는 법만 배웠다.

나이 든다는 것. 예상은 하지만 막상 닥치면 낯선 일들의 연속이다. 아버지를 떠나보내고 딸들을 시집보내고 손자 손녀를 맞이하고 동창 모임에서는 누군가가 휠체어를 타고 나타나 "내년에는 못 올지도 몰라."라며 울먹인다.

이런 이별이 두려운 것은
'가까워지는 법'만 평생 우리가 배웠기 때문은 아닐까.

30년 동안 나는 회사와 가까워지려고 애썼다. 성공과 가까워지려고, 남들이 인정하는 기준에 가까워지려고 노력했다. 그래서 퇴직 후 사원증을 반납하며 매일 가던 곳이 사라진 순간 나는 완전히 무너졌다.

하지만 은퇴 후 10년. 멀어지는 것은 끝이 아니라 새로운 시작이 될 수 있다는 것을 나는 깨달았다. 회사에서 멀어지니 가족이 보였고 직함에서 멀어지니 이름이 보였고 현재에서 멀어지니 과거와 미래가 보였다.


앞으로 남은 삶을 어떻게 살 것인가.
이 질문에 답하기 위해 나는
하나씩 멀어지는 연습을 시작했다.
이 과정은 쉽지 않았다.
하지만 멀어지는 연습을 통해 진짜 나를 만나는 시간은
비로소 내게 한 인간으로서 정체성을 찾게 해주었다.


누구나 같은 경험을 하게 될 것이다.

이미 은퇴한 사람도 있을 것이고

은퇴를 앞두고 막연하게 두려운 사람도 있을 것이다.

'나는 누구인가?'라는 질문 앞에서 고민하는

 당신에게 전한다.


'멀어지는 것은 단절이 아니라

오히려 더 깊은 연결을 배우는 과정'이라는 것을.

평생 가까워지는 법만 배웠던 우리는 이제
**멀어지는 법을 배울 차례다.**

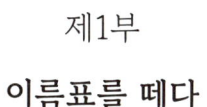

제1부

**이름표를 떼다**

30년 동안 목에 걸고 다녔던 사원증을 반납하는 순간 나는 깨달았다. 그것은 단순한 플라스틱 카드가 아니라 내 존재를 증명하는 유일한 표식이었다는 것을. 이제 '부장님'이 아닌 그저 '김인구'가 된 나는 텅 빈 시간 앞에서 처음으로 나 자신과 마주했다. 매일 가던 곳이 사라지고 명함이 없어지고 해야 할 일이 없어졌을 때 비로소 진짜 질문이 시작되었다.

"나는 누구인가?"

# 01

인포메이션 데스크에서는 늘 그랬듯이 가벼운 목례가 있었지만 오늘은 달랐다. 그 인사마저 낯설었다.

사무실을 나서 사원증을 반납하는 그 순간까지도 실감이 나지 않았다. 30년이라는 시간을 한 기업에 바친 내 젊음과 청춘, 수많은 일이 애환처럼 스쳐 지나갔다. 모든 기억이 플라스틱 카드 한 장에 건네져 사라지는 순간이었다. 마음속으로 '이제 정말 끝이구나. 섭섭해하지 마. 오히려 시원하잖아'라고 되뇌

이며 위안 삼으려는 듯했다.

회사 정문을 나서는 순간 또다시 가슴이 먹먹해지는 느낌이었다. 가벼워진 목에서 사원증이 사라진 빈자리가 오히려 무겁게만 느껴졌다. 그 자리에 무엇이 있었던 걸까? 단순한 신분증이 아니었다. 그것은 내가 누구인지 증명하는 이름표였다. 삼성에서 함께했던 그 이름표는 내가 어디에 속해 있는지, 누구인지를 세상에 알리는 징표였다. 하지만 오늘 그 이름표를 떼어냈다.

퇴직을 결심했을 때는 이런 감정이 올 줄 몰랐다. 당당했다. 내 선택이었고 새로운 시작을 위한 용기 있는 결단이라고 생각했다. 하지만 막상 회사 정문을 나서는 순간 혼란스러웠다. 매일 아침 일어나 향하던 곳이 사라졌다. 이제 아무도 내게 '부장님'이라고 부르지 않을 것이다.

주머니에 손을 넣고 휴대전화를 만지작거렸다. 습관처럼 회사 메일을 확인하려다가 멈칫했다. 더 이상 메일을 확인할 필요가 없다는 것을 깨닫고 깊은 고요가 찾아왔다. 여기서부터 진짜 나의 시간이 시작되는 것인가?

지하철 시청역 8번 출구. 남대문로 남산길이 보였다. 어린 시절 이 길을 아버지와 함께 걸었던 기억이 문득 떠올랐다. 아버지도 정년퇴직 후 이런 감정을 느끼셨을까? 그때는 몰랐다. 퇴직이 단순히 일을 그만두는 것이 아니라 살아왔던 인생의 한 장을 마감하고 새로운 장을 여는 전환점이라는 것을.

"여보, 어디세요?"

아내의 전화였다. 퇴직 축하 저녁 식사를 준비했다며 일찍 들어오라고 했다. 문득 웃음이 났다. 회사에서는 '부장님'이었지만 집에서는 '여보'였고 아이들에게는 '아빠'였다. 이름표는 뗐지만 여전히 나는 누군가의 남편이고 아버지였다.

퇴직이라는 단어가 주는 무게와 달리 그날 저녁은 따뜻했다.

딸들이 각자의 일상을 뒤로하고 모였다. 아내가 정성껏 준비한 음식을 먹으며 우리는 웃고 떠들었다. 첫째가 내게 물었다.

"아빠, 이제 뭐 하고 싶으세요?"

나는 살짝 머뭇거렸다.

"글쎄… 아직 잘 모르겠다."


그러자 작은딸이 말했다.

"괜찮아요, 아빠. 천천히 생각하셔도 돼요. 이제 아빠 시간이잖아요."

'아빠 시간'. 그 말이 가슴에 와닿았다. 지난 30년 내 시간은 회사의 시간이었다. 아침 8시부터 저녁 6시까지, 때로는 그보다 훨씬 많은 시간을 회사가 정한 리듬에 맞춰 살았다. 그것은 결코 나쁜 것이 아니었다. 그 시간 덕분에 가족을 부양했고 성취감도 느꼈다. 하지만 이제는 내 시간이 온전히 내 것이 되는 순간이 왔다.


그날 밤 오랜만에 편안한 잠이 찾아왔다. 꿈속에서 나는 넓은 들판을 걸었다. 어디로 가는지 정확히 알지 못했지만 이상하게도 불안하지 않았다. 그저 걸었다. 내 걸음 속도로 내가 가고 싶은 방향으로.

다음 날 아침 눈을 떴을 때 문득 깨달았다. '멀어지기 연습'이 필요한 시간이 왔음을. 지금까지 늘 우리는 '가까워지는 법'만 배웠다. 조직과 사람들에게 가까워지고 성공에 다가가기 위해 모든 것을 바쳤다. 하지만 이제는 '멀어지는 법'을 배워야 할 때가 왔다.

일과 나 사이에 거리를 두고
지위와 나 사이에 거리를 두고
타인의 시선과 나 사이에 거리를 두고
때로는 사랑하는 사람들과도 적절한 거리를 두는 법을.

멀어진다는 것은 단절이 아니다. 오히려 더 깊은 연결을 위한 필수적인 과정이다. 너무 가까이 있으면 보이지 않던 것들이 조금 떨어져 바라보면 비로소 선명하게 보이는 법이니까.

이름표를 뗀 그날 비로소 깨달았다.


　멀어지기 연습은 결국 '나'로 돌아가는 여정이라는 것을.

　이제 그 여정을 시작하려고 한다.

# 02

## 매일 가던 곳이 없어졌다

아침 5시. 알람이 울리지도 않았는데 나는 눈을 떴다. 30년 동안 몸에 밴 습관이다. 조용히 일어나 창밖을 바라보았다. 어둠이 채 가시지 않은 새벽. 평소라면 벌써 넥타이를 매고 있을 시간이었다. 하지만 오늘은 달랐다. 출근할 곳이 없었다. 커피를 내리며 오늘 할 일을 생각해보니 아무것도 없었다. 퇴직 전에는 매일 아침 빼곡한 일정표가 나를 기다리고 있었는데 이제는 달력을 봐도 텅 빈 페이지만 반복된다. 처음에는 그 여유가 달콤했다. '그냥 즐기자. 여유를 갖고 생각하다 보면 길이 보이겠지. 남들처럼 서두르진 말자.' 하지만 시간이 지날수록 그 빈 시간은 조금씩 무력감으로 다가왔다.

삼성 태평로 본관. 회사명은 바뀌었지만 나는 이 건물에서 거의 30년을 보냈다. 비가 오거나 눈이 올 때 항상 탔던 402번 버스. 그 맨 뒷자리는 아무에게도 방해받지 않는 나만의 공간이었다. 남산 길을 돌아 하얏트 호텔까지 가는 버스 안에서 나는 사계절을 만끽했다. 그 길이 이제는 추억 속에서만 존재한다.

평소라면 지하철에서 업무 메일을 확인하며 분주히 하루를 시작했을 시간. 하지만 오늘은 달랐다. 천천히 걸으며 하늘을 올려다보았다. 오랜만에 본 하늘이 유난히 파랗게 느껴졌다. 속도를 늦추니 비로소 풍경이 눈에 들어왔다. 바쁘게 스쳐 지나가던 거리의 표정이 선명해졌다. 매일 지나갔지만 보지 못했던 것들이 눈에 들어왔다.

남산에서 내려다본 도시는 여전히 분주했다. 수많은 사람이 어딘가로 바쁘게 움직이고 있었다. 나도 한때는 그들 중 한 명이었다. 이제는 관찰자가 되어 그들을 바라본다. 매일 가던 곳이 사라졌다는 것은 단순히 일하는 공간만 사라진 것이 아니었다. 그것은 삶의 리듬, 존재의 의미, 사회적 관계의 변화를 의미했다. 30년 동안 나를 규정했던 틀이 사라진 것이다.

하지만 이제는 다르게 생각한다. 매일 가던 곳이 없어졌다는 것은 어디든지 갈 수 있는 자유를 얻었다는 의미이기도 하다. 정해진 시간에 정해진 곳으로 가야 하는 의무에서 벗어나 내가 원하는 시간에 원하는 곳으로 갈 수 있는 자유.

이제 나의 '갈 곳'은 회사가 아니다. 아침에는 남산 둘레길, 오후에는 도서관, 저녁에는 가족과 함께하는 식탁으로 향한다. 물리적 장소뿐만 아니라 정신적 공간도 찾았다. 글쓰는 시간, 칼리디자인 작업하는 시간, 손자와 노는 시간. 이 모든 것이 이제 내가 '가는 곳'이다.

아버지도 퇴직 후 비슷한 과정을 겪으셨을 것이다. 매일 같은 시간에 일어나 문화원이나 도서관으로 향하셨던 아버지. 그것은 단순한 일과가 아니라 자신만의 새로운 '갈 곳'을 만드는 과정이었구나.

이제 나도 안다. 살아있다는 의미를 찾으려면 매일 가는 곳을 새로 찾아야 한다는 것을. 그곳은 단순한 공간이 아니라 스스로 마음을 다스리고 꿈을 실현하는 곳이어야 한다는 것을. 매일 가던 곳이 없어진 것은 끝이 아닌 새로운 시작이었다. 이제는 남이 정해준 곳이 아닌 내가 선택한 곳으로 가 보려고 한다. '멀어지기 연습'을 생각하게 된 첫걸음이었다.

# 03

## 명함이 없는 삶

◆

퇴직 후 책상 서랍을 정리하다가 오래된 명함 케이스가 눈에 들어왔다. 먼지가 쌓인 케이스를 열어보니 내 이름이 새겨진 명함들이 차곡차곡 들어있었다. 그중 하나를 꺼내 들었다. 'Vice President'라는 영문 직급이 적혀 있었다.

그때가 떠올랐다. 합작사로 옮기고 명함을 처음 받았을 때 '내가 부사장이라고?'라며 어색해했던 기억. 처음에는 어색했지만 곧 어깨가 으쓱해졌다. 부사장이라는 직급은 늘 내게 멀게만 느껴졌던 자리였으니까.

그동안 내 업무 상대는 주로 사원, 주임, 대리와 간부급이었고 임원들에게는 보고를 들어가거나 상사와 함께 긴장된 상태로 동행하는 것이 일반적이었다. 부사장은 그저 가끔 비서를 통해 업무 지시를 전달하는, 기껏해야 복도에서 마주치면 고개 숙여 인사하는 존재였다. 그런데 하루아침에 내 명함이 'Vice President'가 된 것이다.

얼마 지나지 않아 그 의미는 점점 분명해졌다. 'Vice'라는 의미 그대로 '보조(副)' 역할이었던 것이다. 실질적인 사업 분야별 업무 책임과 권한은 Director에게 주어져 있고 그 밑에서 실무를 담당하는 선임자 정도의 위치가 Vice President였다.

처음에는 다소 어색했지만 시간이 지나면서 조금씩 익숙해졌다.

"우리 회사에서 능력은 직급이나 직책으로 말하는 게 아니라 실력과 성과로 증명하는 거예요."

합작사 시절 내가 신입 직원에게 했던 말이다. 직함은 역할의 구분일 뿐 그 사람의 가치는 실력과 능력에서 나온다고 믿었다.

30년 동안의 회사생활을 마치고 퇴직한 지금 그때 경험이 새삼 떠오른다. 명함에서 'Vice President'라는 글자를 처음 보았을 때의 낯선 감정과 비슷한 것을 다시 느끼고 있다. 이제 나는 어떤 직함도 없이 그저 '김인구'라는 이름만 남았다. 모든 것이 서툴 뿐이다.

"여보, 내 말 좀 들어요."
"아빠, 우리 말도 제발 좀 들어주세요."
집에서 아내와 아이들과 함께 보내는 시간이 많아지면서 점점 더 자주 듣는 말이다. 내가 회사에 있을 때 그들에게 했던 말들을 이제는 내가 매일 듣고 있다. 처음에는 많이 어색했다. 그동안 그들이 내게 하고 싶은 말이 얼마나 많았고 어떻게 참고 지냈는지 생각하게 되었다.

돌이켜보면 어쩌면 아내와 아이들은 내 힘과 강압에 밀려서 또는 큰소리 나는 것이 싫어서 30여 년 긴 인고의 시간을 보냈는지도 모른다. 그들에게는 내가 집안의 'President'였던 셈이다. 나는 직장에서는 'Vice'였지만 가정에서는 모든 결정권을 가진 'President'였다.

이제 그 두 가지 직함이 모두 사라졌다. 남은 거라곤 '김인구'라는 이름뿐이다. 한때는 '괜찮은 남편, 괜찮은 아빠'라고 자부했던 것도 어쩌면 나만의 착각이었는지 모른다. 국제적 감각과 센스를 갖추었다고 자부했지만 정작 가장 가까운 사람들의 마음은 제대로 읽지 못했다.

"너나 잘 하슈."
아내가 웃으며 던진 이 말이 가슴에 와닿는다. 이미 지나버린 30여 년을 후회하기보다 앞으로 잘해보자는 다짐을 하게 된다. 손에 든 낡은 명함을 서랍에 다시 넣으며 새삼스럽게 내게 묻는다.

"나는 누구인가?"

이제는 회사에서 부여한 직함이 아닌 나 자신의 정체성을 찾아야 할 때다. 그것은 어쩌면 가장 기본적이고 본질적인 모습일지도 모른다. 남편으로서 아버지로서 그저 '나'로서의 모습. 직함 없는 삶의 시작은 낯설고 두렵지만 동시에 이것은 진정한 나를 발견할 새로운 기회다. 이제 내 삶의 명함에는 어떤 '직함'을 새겨 넣을 것인가? 그것은 온전히 내 손에 달려있다. Vice President나 President가 아닌 그저 '나'로 살아가는 법을 배워가는 중이다. 명함이 없어도 여전히 나는 존재한다. 아니, 어쩌면 명함이 없어졌기 때문에 비로소 진짜 내가 드러나는 것인지도 모른다.

## 04

너무 잘하려고 애쓰지 말아요

퇴직한 지 4년째 되던 해, 뜻밖의 제안이 들어왔다. 재취업이었다. 자문위원 역할을 담당했던 내 경력의 연장선에 있는 일이었다.

"오, 김 상무, 축하해! 재취업, 그것도 제도권으로 재입성. 멋져! 한 잔 사!"

축하 반 부러움 반의 연락이 한동안 이어졌다. '갈 곳'이 다시 생겼다는 것. 그것은 단순한 직장 이상의 의미였다.

하지만 막상 출근을 시작하니 이전과 달랐다. 나이 들어 재취업하려면 그만큼 신경 써야 할 것이 많아졌다. 시간 관리, 건강관리, 사람 관리, 전문성 유지… 누구나 알고 있는 것이지만 막상 실천하기는 쉽지 않았다. 재취업 후 가장 아쉬웠던 점은 건강관리였다. 젊을 때처럼 무리할 수는 없는 몸인데 성과를 내야 한다는 압박감은 여전했다. 결국 건강이 악화되어 집으로 다시 돌아와야 했다.

그리고 '어디로 가야 할지' 모르는 또 다른 아침이었다. 커피를 내리며 오늘 할 일을 생각해보니 텅 빈 달력만 떠올랐다. 그 공백이 불안했다. 무작정 책상에 앉아 뭐라도 해야 할 것 같아 이력서를 정리하고 향후 계획을 세우고 자격증 공부 계획도 짜기 시작했다. 빼곡히 스케줄을 채워나가는 내 모습은 회사에서 프로젝트 계획서를 작성할 때와 다르지 않았다.

그때 아내가 조용히 다가와 말했다.
"여보, 이제 너무 잘하려고 애쓰지 말아요. 그게 당신을 쉽게 지치게 해요."

그 순간 가슴 속에서 뭔가 터지는 느낌이었다. 하던 일을 멈추고 애써 태연한 척했다. 긴 시간 동안 그렇게 앉아 있었다.

30년 동안 나는 '잘하는 것'에만 집중해 살았다. 더 좋은 성과를 내려고, 더 높은 자리에 오르려고, 더 인정받으려고 애썼던 시간들. 회사에서는 '긴급'과 '중요'라는 딱지가 붙은 일들을 처리하며 살았고 모든 일이 급하고 중요했다. 바로 그것이 내 일상이었고 나의 정체성이었다. 그런데 이제는 긴급한 일도 중요한 일도 없었다. 그래서 스스로 만들어내고 있었던 것이다. 여전히 바쁜 척, 중요한 일을 하는 척 말이다.

생각해보니 우리는 멈추는 법을 배우지 못했다. '쉬면 뒤처진다'라고 배웠고 '하면 된다'라고 믿었고 '최선을 다하라'라는 말을 신조로 삼아 살아왔다. 그래서 퇴직 후에도 여전히 달리려는 것이다. 제2의 인생도 성공적이어야 하고 은퇴 후 삶도 의미가 있어야 하고 노년도 생산적이어야 한다고 자신을 채찍

질하면서. 하지만 아내의 한마디가 깨달음을 주었다. 이제는 잘하려고 애쓰지 않아도 된다는 것을.

　그날 이후 나는 조금씩 내려놓기 시작했다. 아침에 일어나서 할 일이 없으면 그냥 없는 대로 창밖을 바라보는 것도 일이 될 수 있고, 천천히 차를 마시는 것도 충분한 하루가 될 수 있다는 것을 받아들였다. 그러면서 비워진 시간 속에서 잊고 있던 것들이 하나둘 떠오르기 시작했다. 바쁘게 채우려고 했을 때 보이지 않던 것들이 비우자 보이기 시작한 것이다.

　이제 나의 하루는 다른 리듬을 갖기 시작했다. 회사의 시계가 아닌 내 몸의 시계를 따르고 남의 기준이 아닌 내 마음의 소리를 들으며 성과가 아닌 과정을 즐기게 되었다. 너무 잘하려고 애쓰지 않는 것. 그것은 게으름이 아닌 지혜였다. 한평생 전력 질주한 사람이 이제는 산책을 즐길 줄 알게 되고 모든 것을 통제하려던 사람이 이제는 흘러가는 대로 놔둘 줄 알게 되고 늘 뭔가 증명하려던 사람이 이제는 있는 그대로의 자신을 받아들이는 것. 아내는 알고 있었다. 내가 얼마나 오랫동안 '잘하려고' 애써왔는지 그리고 이제는 그럴 필요가 없다는 것을. 그래, 애쓰지 않아도 되는구나. 이제 나를 발견하는 충분한 시간이 주어졌다.

# 05

상처가 아물기 시작하나 보다

오늘 아침 아파트 베란다에서 아래를 내려다보다가 문득 깨달았다. 아파트 정원도 '뒤뜰'이 될 수 있다는 것을 처음 생각한 것이다. 아파트 정원은 그저 관리사무소에서 관리하는 공용 공간일 뿐이었고 내 것이 아닌 남의 것이었다. 창밖에 보이는 풍경도 그저 배경일 뿐 내 삶의 일부라고 생각해본 적이 없었다.

하지만 오늘은 달랐다. 비 갠 후의 초록빛이 유난히 싱그러웠고 나무들이 내게 인사하는 것처럼 보였다. 아이들이 뛰어노는 놀이터, 아내와 저녁 산책하던 산책로. 그 모든 것이 갑자기 내 삶의 일부로 내 마음의 뒤뜰로 다가왔다.

사실 퇴직 후 한동안 모든 것이 낯설고 불편했다. 회사라는 울타리를 벗어나니 뿌리 뽑힌 나무처럼 흔들렸다. 어디에도 속하지 못한 것 같은 불안감, 더 이상 필요한 사람이 아니라는 자괴감이 마음을 무겁게 짓눌렀다. 집도 동네도 심지어 가족조차 어색하게 느껴질 때가 있었다. 하지만 시간이 흐르면서 조금씩 달라지기 시작했다. 매일 같은 시간에 산책하러 나가다 보니 계절의 변화가 보이기 시작했고 동네 사람들과 인사를 나누다 보니 얼굴이 익숙해졌다. 무엇보다 급할 것 없이 천천히 주변을 둘러보니 그동안 놓치고 있던 것들이 하나둘 눈에 들어왔다.

봄이면 벚꽃이 흐드러지게 피는 우리 아파트 정원. 여름이면 매미 소리로 시끄럽지만 그늘진 시원한 정자가 맞이하고 가을

이면 산책로가 노란 은행잎으로 물들고 겨울이면 눈 쌓인 길을 조심조심 걷던 이 모든 것이 사실 늘 거기 있었는데 내가 마음의 문을 닫고 있었던 것 같다.

계절마다 사진을 찍곤 했는데 오늘따라 유난히 정원이 정겨워 보이는 것은 내 마음이 정리되어가고 있기 때문인 것 같다. 마음이 열리니 모든 것이 크고 시원해 보인다. 전에는 좁고 답답하게만 느껴졌던 이곳이 이제는 넓고 아름답게 느껴진다.

상처가 아물듯이 마음의 상처도 시간이 지나면서 조금씩 새살이 돋고 딱지가 생겨 결국 흔적만 남긴 채 치유된다는 것을 깨달았다. 퇴직이라는 상처, 나이 듦이라는 상처, 쓸모없어졌다는 상처. 그 모든 것이 시간과 함께 조금씩 아물고 있었다. 완전히 사라지지는 않겠지만 더 이상 아프지 않을 정도로. 오히려 그 상처가 있었기 때문에 더 단단해질 수 있을 정도로.

상처는 시간이 지나면 아문다. 하지만 그것은 단순히 시간이

해결해주는 것이 아니다. 상처를 인정하고 받아들이고 새로운 시각으로 바라볼 때 비로소 치유가 시작된다. 늘 있던 정원을 '내 뒤뜰'로 처음으로 인식하게 된 것처럼. 계절 따라 변하는 풍경을 보며 나도 함께 변화하고 있음을 느낀다. 상처받은 나무도 새순을 틔우듯이 나도 조금씩 새로운 삶을 시작하고 있다. 그래, 상처가 아물기 시작하나 보다.

# 06

## 급할수록 천천히

갑자기 마음이 급해질 때가 있다. 글을 쓸 때도 산책할 때도 심지어 손자와 놀 때도 문득문득 조급함이 치고 올라온다. 마음은 제멋대로다. 조금 성숙해진 것 같으면 또다시 급해진다. 퇴직한 지 몇 년이 지났는데도 이 조급증이 나를 놓아주지 않는다.

이 조급증은 어디서 온 걸까? 원래부터 있던 지병이었는지, 회사생활을 하면서 얻은 훈장 같은 병인지. 아마도 후자일 것

이다. 30년 동안 우리는 '빨리빨리 더 빨리빨리'만 외치며 달려
왔다.

　삼성에서의 모든 것은 '긴급'했고 '중요'했다. 보고서는 어
제 나왔어야 했고 의사결정은 지금 당장 내려야 했다. 그런 환
경에서 30년을 보냈으니 내 몸과 마음에 조급증이 각인된 것
은 당연했다. 그 덕분에 우리는 '한강의 기적'을 이루었다고 자
랑한다. 하지만 30년 과정에서 너무 많은 것을 얻고 또 잃었다.
방향을 정하고 한 발 한 발 주위를 살피며 걸어왔더라면 지금
사회를 들끓게 하는 수많은 병폐의 상당 부분도 해결될 수 있
었을 텐데.

　문득 몽오 할아버지의 기록들이 떠올랐다. 할아버지는 한평
생 기록하셨지만 서둘지 않으셨다. 한 자 한 자 정성스럽게 쓰
신 그 글씨에는 급함이 없다. 여유가 있고 사색이 있고 깊이가
있다. 같은 붓을 들었는데 왜 이리 다를까.

급하면 더 급해진다는 것을 이제야 안다. 그래서 요즘은 의식적으로 다르게 산다. 시간이 없으면 없는 대로 천천히 글을 쓰고 작품 활동을 한다. 신기한 일이 일어났다. 천천히 쓴 글에는 깊이가 있었고 시간을 들여 만든 작품에는 영혼이 담겼다. 무엇보다 그 과정 자체가 즐거웠다. 결과를 향해 달리는 것이 아니라 과정을 음미하며 걷는 기쁨을 알게 된 것이다.

마음이 급해질 때마다 나는 멈춘다. 숨을 깊이 들이쉬고 천천히 내쉰다. 그리고 묻는다. '정말 급한가 아니면 습관적으로 서두는 건가?' 대부분은 후자다. 30년 동안 몸에 밴 습관이 재촉하는 것일 뿐이다.

이제 칼리디자인 작업을 할 때는 찬찬히 생각하며 글의 이야기를 음미한다. 그렇게 천천히 만들어진 작품에는 진솔한 이야기가 담기고 과거와 대화할 여백이 담긴다. '급할수록 천천히'. 이 오래된 진리를 이제야 몸으로 깨닫고 있다. 남은 인생은 천천히 하지만 꾸준히 가고 싶다. 그것이 내가 찾은 또 다

른 '멀어지기 연습'이다. 조급함에서 멀어져 여유로움으로, 빠

른 속도에서 멀어져 깊이 있는 성찰로.

제2부

**새로운 리듬을 만들다**

빈 시간을 견디지 못해 무작정 시작한 청소와 정리. 그런데 신기하게도 먼지를 닦고 물건을 정돈하다 보니 마음속 어지러움도 함께 정리되었다. 새벽 미사의 고요함 속에서, 글쓰는 시간 속에서, 천천히 걷는 산책길에서 나는 새로운 리듬을 찾기 시작했다. 회사의 시계가 아닌 내 몸의 시계를 따르는 법을, 성과가 아닌 과정을 즐기는 법을 배워갔다. 때로는 멈춤이 전진보다 더 큰 용기임을 깨달았다.

# 07

# 나의 청소 시간

퇴직 후 몇 달 동안은 무엇을 해야 할지 몰라 헤맸다. 어느 날 문득 집안을 둘러보니 여기저기 먼지가 쌓여 있었다. 30년 동안 회사 일에만 매달리느라 집안을 구석구석 제대로 본 적이 없었다는 것을 깨달았다. 그날부터 청소를 시작했다. 처음에는 단순히 시간을 때울 생각이었다. 하지만 걸레질하고 먼지를 닦고 물건들을 정리하다 보니 신기하게도 머릿속까지 함께 정리되는 기분이었다. 복잡하게 얽혀 있던 생각들이 하나둘 제자리를 찾아가는 느낌이었다.

컴퓨터 파일 정리도 청소 대상이었다. 뒤죽박죽 쌓여 있던 파일과 폴더를 하나씩 살펴보며 잡다한 글과 정보를 분류했다. 그것들을 정리하면서 신기하게도 막혀 있던 생각들이 풀리기 시작했다. 청소는 단순히 눈에 보이는 것들을 치우는 작업이 아니었다. 공간을 정리하면서 내 마음도 함께 정리되고 있었다. 어질러진 방이 어질러진 마음을 반영하듯이 깨끗해진 공간은 맑아진 정신을 만들어냈다.

아버지께서 사용하시던 방을 청소하며 문득 아버지가 더 생생히 떠올랐다. 아버지의 방은 늘 단정했다. 작은 방에 장롱 하나. 그 안에는 사시사철 입으시는 옷 몇 벌이 전부였다. 아래 칸에는 속내의 몇 벌. 그게 아버지 소유물의 전부였다. 군더더기 없는 삶 그 자체였다.

아버지는 일제강점기 때의 학창시절 이야기를 가끔 하셨다. 아버지가 다니던 학교는 5년제 중등교육 과정이었는데 한 학년이 200명인 큰 학교였다고 한다. 어느 겨울날 5학년생들이 눈 청소를 맡게 되었다. 하지만 그것은 단순한 청소가 아니었다. 학생들은 미리 모의한 대로 눈 위에 일본어로 '개 대가리, 바보'라는 뜻의 글자를 새겨 넣었다. 일본인 교련 선생에 대한 무언의 저항이자 항거였다.

건물 옥상에서 망보는 학생, 교정에서 청소하는 척하며 글자를 새기는 학생들. 그들의 조직적인 움직임은 식민지 학생들의 작은 반란이었다. 학교는 발칵 뒤집혔지만 조선 최고의 수재들이 모인 학교의 저항이 일본 본토에까지 알려질까 봐 무마하기에 급급했다고 한다. 불 보듯 다음 교련시간은 더 가혹해졌다. 제2차 세계대전 중의 5학년 교련 훈련은 실제 전쟁을 방불케 할 정도로 학생들에게 강압적이고 가혹했다고 말씀하셨다. 청소는 단지 깨끗이 치우고 정리하는 행위뿐만 아니라 시위와 저항의 도구도 될 수 있었던 것이다.

청소하면서 나는 깨달았다. 이것은 단순한 집안일이 아니라 삶을 대하는 태도라는 것을. 먼지가 쌓이기 전에 닦고 어질러지기 전에 정리하고 더러워지기 전에 치우는 것. 그것이 공간에만 적용되는 것이 아니라 마음에도 관계에도 인생에도 적용된다는 것을.

나의 청소 시간은 이제 단순한 노동의 시간이 아니다. 집안 곳곳에 남아있는 아버지를 기억하는 시간이고 아내와 함께하는 시간이며 손자 손녀에게 들려줄 이야기를 준비하는 시간이다. 눈 위에 저항의 글자를 새기던 아버지 세대의 이야기를, 군더더기 없이 살았던 아버지의 철학을, 그리고 과거를 정리하고 현재를 가다듬으며 미래를 준비하는 시간이다.

# 08

# 새벽 미사

주일에는 미사에 참석한다. 나는 새벽 미사가 좋다. 정신도 맑고 무엇보다 요즘에는 신선한 아침 공기가 나를 깨운다. 오늘도 어김없이 새벽 6시 미사에 참석했다. 성당에는 이미 몇몇 교우들이 와 있었다. 대부분 나와 비슷한 나이대다. 젊은 사람들은 새벽잠이 달콤할 시간이니까.

미사가 끝나고 신부님이 특강 참석을 부탁하셨다.

"다음 주부터 시작하는 성경 특강인데요. 정말 좋은 강의입니다. 꼭 참석하세요."

나는 처음에는 그냥 "네, 생각해보겠습니다."라고 대답했다. 그런데 다음 주에도 그다음 주에도 계속 권하셨다. 급기야 강의 내용이 얼마나 좋은지 설명하는 대신 왜 참석하지 않는지 묻는 투로 바뀌었다.

"아니, 그렇게 좋다고 하는데 왜 안 오시는 거예요? 모두 너무 좋아하시는데."

강론 시간에도 특강 이야기가 나왔다. 참석하지 않는 교우들을 향한 은근한 압박이 느껴졌다. 듣다 보니 오히려 가고 싶은 마음이 사라졌다. 그렇게 좋다면 좋은 내용을 조금이라도 맛보기로 들려주시면 어떨까. 계속 나무라기만 하면 누가 가고 싶겠는가.


문득 깨달았다. 나도 저랬구나. 아이들에게도 직장에서도 사회 생활하면서도. 좋다고 생각하는 것을 강요하듯 권했던 기억들이 떠올랐다. 상대방의 입장은 생각하지 않고 내가 좋다고 믿는 것을 밀어붙였던 시절들.

"이것 좀 읽어봐. 정말 좋으니까."

"건강 생각하면 이것도 좀 해봐. 정말 괜찮으니까."

"이 강의 들어봐. 인생이 바뀔 거야. 왜 안 들어?"

감동을 주는 것, 설득하는 것은 상대방의 마음을 움직이는 일이다. 그런데 나는 늘 내 감동과 내 확신만 전달하려고 했다. 전후 사정도 모르고 상대방의 상황도 고려하지 않은 채.


미사가 끝나고 성당을 나서며 생각했다. 신부님의 특강도 분명히 좋은 내용일 것이다. 하지만 지금 내게 필요한 것은 또 다른 강의가 아니라 내가 이미 알고 있는 것들을 실천하는 것인지도 모른다. 블로그에 글을 쓸 때도, 칼리디자인 작품을 설명할 때도 마찬가지다. 내 작품이 아무리 좋아도, 내 글이 아무리 의미가 있어도 보는 사람이 관심이 없으면 그뿐이다. 스토리가 있어야 한다. 상대방의 마음에 닿을 수 있는 이야기가 필요하다. 일방적인 설명이 아니라 공감할 수 있는 연결고리가 필요하다.

내가 어릴 때 읽었던 동화책을 꺼내 며칠 전 손자에게 읽어주려고 했다. 아이는 관심이 없었다.

"할아버지, 이거 말고 다른 거요."

이전 같았으면 "이게 얼마나 좋은 책인데"라며 억지로라도 읽어주었을 것이다. 하지만 이번에는 달랐다.

"그래, 뭐 읽고 싶어?"

아이가 직접 고른 책은 내가 보기에는 그저 그런 그림책이었다. 하지만 아이의 눈은 반짝였다. 그 반짝임을 보는 것만으로도 충분했다. 새벽 미사에서 받은 오늘의 교훈은 특강 내용이 아니라 강요하지 않는 지혜였다. 오늘도 주님은 내게 깨우침을 주신다.

## 09

## 새로운 습관, 묻고 대답하기

회사에 다닐 때 나는 '대답하는 사람'이었다. 부하직원이 물으면 대답했고 상사가 물으면 대답했고 고객이 물으면 대답했다. 30년 동안 수많은 질문에 대답하며 살았다. 즉답하지 못하면 무능한 사람으로 보일까 봐 늘 긴장했고 모든 질문에 완벽한 대답을 준비하려고 애썼다.

그런데 퇴직 후 이상한 일이 벌어졌다. 더 이상 아무도 내게 묻지 않았다. 당연했던 그 일상이 사라지자 허전함을 넘어 존재 자체가 흔들리는 느낌이었다. 대답할 일이 없으니 내가 아는 것들이 무용지물이 되고 쌓아온 경험과 지식이 한순간에 무가치해진 것 같았다. 답답했다.

　요즘 집으로 돌아오는 길에 나 자신과 대화를 계속 나눈다. 처음에는 어색했다. 평생 남의 질문에만 대답하다가 나 자신에게 묻는 것이 낯설었다. 하지만 계속하다 보니 묘한 재미가 있었다. 내가 묻고 내가 대답하는 이 대화 속에서 그동안 몰랐던 내 마음의 층위들이 드러나기 시작했다.

　대부분 화는 사소한 일로 났다. 의도한 대로 일이 풀리지 않거나 예상 밖의 일이 벌어지면 당황해 순간적으로 화냈던 기억이 난다. 지금은 운전을 못 하지만 과거 운전할 때 아내가 했던 말이 생각난다. 당신이 그렇게 화를 내면 그 화는 다 차 안에 있는 사람이 받는 거라며 투덜대곤 했다. 맞다! 지나쳐 가는 무례한 운전자는 듣지도 못하니 말이다. 요즘은 화가 나면 습관처럼 '내가 왜 화를 내는 거지?'라고 나 자신에게 묻곤 한다.

틱낫한 스님의 책에서 읽은 구절이 떠올랐다. 화는 우리 안의 어린아이가 보내는 신호라고. 그 아이의 목소리를 들어주고 달래주는 것이 진정한 수행이라고. 그동안 나는 그 아이의 목소리를 무시하고 억눌러왔던 것은 아닐까. 감정이 올라올 때마다 잠시 멈추고 나 자신에게 묻는다.

'지금 무엇을 느끼고 있지?'

'왜 이런 감정이 드는 거지?'

'정말 화낼 일인가?'

처음에는 답이 쉽게 나오지 않았다. 때로는 엉뚱한 답이 나오기도 했다. 하지만 계속하다 보니 내 마음의 소리가 점점 선명해졌다. 진정한 대화는 답을 주는 것이 아니라 함께 묻는 것이었다. 그리고 때로는 답 없이 그저 들어주는 것만으로도 충분하다.

틱낫한 스님의 말처럼 화를 다스리는 것은 억누르는 것이 아니라 이해하는 것이었다. 그리고 이해는 질문에서 시작된다는 것을 배웠다. 참을 '인(忍)' 자를 세 번 쓰면 살인도 막는다고 했지만 이제는 안다. 진정한 인내는 단순히 참는 것이 아니라 멈춰 서서 나 자신에게 묻는 과정임을.

오늘도 마음속에 파도가 일 때마다 잠시 멈춘다. 그리고 묻는다.

'지금 내 마음은 어떤가?'

'무엇이 나를 흔드는가?'

그 물음 속에서 시궁창의 진흙 속에서도 연꽃이 피어나듯이 내 마음에도 평화의 꽃이 하나둘 피어난다. 남은 인생은 이렇게 살고 싶다. 대답하는 사람이 아니라 묻는 사람으로. 가르치는 사람이 아니라 배우는 사람으로. 그리고 무엇보다 나 자신과 끊임없이 대화하며 더 깊이 이해해가는 사람으로.

# 10

## 나는 말을 잘 놓지 못한다

🔻

회사를 나온 지 5년째 되던 해 오랜만에 이전 후배를 만났다. 함께 일했던 시간만 10년이 넘었고 이제는 그도 어엿한 부장이 되어 있었다. 반가운 마음에 악수하며 인사를 건넸는데 내 입에서는 여전히 "잘 지냈어요?"라는 존댓말이 흘러나왔다. 후배는 웃으며 이제 그만 말을 놓으라고 했다. 우리가 얼마나 오래 알고 지낸 사이인데 아직도 그러냐고. 정 없어 보인다고. 식사하는 내내 의식적으로 반말로 하려고 애썼지만 소용없었다. 프로젝트는 어떻게 진행되고 있는지, 가족은 모두 건강한지 묻는 내 말투는 여전히 정중했다.

　집으로 돌아오는 길에 잠시 생각에 잠겼다. 정이 없어서가 아니라 오히려 그 반대다. 소중한 사람일수록 더 조심스럽게 더 정중히 대하고 싶은 마음이 크다. 그게 내 방식의 정이고 배려인데 사람들은 왜 그것을 거리감으로 받아들일까. 나는 학창 시절 친구들에게나 말을 놓는 편이고 그 외 사람들에게는 자연스럽게 존댓말이 나온다. 오랜 시간이 지나 다시 만난 사람이면 더더욱 그렇다. 회사 동기들, 동호회 사람들, 심지어 나보다 어린 사람들에게도 쉽게 말을 놓지 못한다. 주변에서는 그런 내가 답답하다고 한다. 거리감이 느껴진다고, 친해지기 어렵다고, 정 없어 보인다고. 어떤 이는 서울깍쟁이여서 그런 거냐며 농담처럼 묻기도 한다. 정말 그런 걸까?

　문득 아버지가 떠올랐다. 아버지도 평생 그러셨다. 오랜 친구들을 만나실 때도 늘 정중하셨고 아랫사람에게도 함부로 하대하지 않으셨다. 50년 지기 친구들과도 여전히 서로 존댓말로 대화하시는 모습이 어린 시절 내게는 인상적이었다. 할아버지도 그러셨다니 이것은 집안 내력인 것 같다. 나이가 들면서 깨닫는 것은 존댓말은 단순한 언어 습관이 아니라 나와 상대방 사이에 보이지 않는 울타리를 만들어주는 장치이고 그 울타리의 보호를 받는 상대방은 오히려 더 깊은 대화를 가능하게 한다는 것이다.

회사생활을 하면서 이것을 더더욱 실감했다. 부하직원이 실수했을 때 반말로 다그치는 것과 존댓말로 지적하는 것은 천지 차이였다. 같은 내용이라도 존댓말 속에는 상대방을 인격체로 인정한다는 메시지가 담겨 있었다. 그래서인지 존댓말로 대화할 때 오히려 더 진솔한 소통이 가능했다.

화가 날 때도 존댓말로 시작하면 감정이 한결 누그러진다. 존댓말이 만들어내는 이 작은 거리감이 서로를 보호하는 완충 역할을 한다. 너무 가까우면 서로에게 상처를 주기 쉽다. 사랑하는 사이일수록 더 그렇다. 물론 가끔 아쉬울 때도 있다. 친구들이 스스럼없이 반말로 농담을 주고받을 때 나만 따로 떨어져 있는 것 같은 느낌이 들 때도 있다. 하지만 이것은 내가 선택한 방식이다. 내가 편한 방식이고 나다운 방식이다.

친근함이 꼭 반말로 표현되어야 하는 것은 아니다. 정중함 속에도 따뜻함이 있고 거리 속에도 친밀함이 있다. 오히려 그 거리가 서로 더 깊이 이해하고 존중하게 만든다. 존댓말은 벽을 세우는 것이 아니라 서로의 공간을 인정하면서도 마음으로 연결되는 통로를 만드는 것이다.

이것도 일종의 '멀어지기 연습' 아닐까. 서로의 울타리를 인정하며 조금 멀어짐이 더 깊은 가까움을 만든다. 거리가 있어 보이지만 마음으로는 더 가까워지는 관계. 그것이 내가 추구하는 이상적인 인간관계다.

그래서 오늘도 나는 정중히 존댓말을 사용한다. 이 정중함 속에 담긴 내 진심을 언젠가는 모두 알아주리라 믿으면서. 말을 놓지 못하는 것이 아니라 놓지 않기를 선택한 것이 바로 내가 타인을 인정하는 방식임을 언젠가는 모두 알아주리라 믿으면서.

# 11

## 씁쓸한 동행

십수 년 전 한 친구와 아침 식사를 함께했던 기억이 생생하다. 식사를 마친 친구가 가방에서 약통을 꺼내더니 한 웅큼 알약을 꺼내 먹기 시작했다. 빨간 약, 노란 약, 하얀 약… 색깔도 크기도 제각각인 약들이 줄지어 친구 입으로 들어갔다.

"무슨 약을 그렇게 많이 먹어? 오히려 소화에 부담을 주는 거 아니야?"

내 질문에 친구는 웃으며 대답했다.

"아냐. 우리 나이에는 이 정도는 먹어줘야 해. 혈압약, 당뇨

약, 관절약, 비타민… 다 필요한 거야.”

그러면서 각 약의 효능을 나름 전문가처럼 설명해주었다. 그때 나는 속으로 생각했다. '저렇게까지 해야 하나? 약에 의존하며 사는 게 무슨 의미가 있을까?'

그런데 그런 생각이 무색하게도 이제는 내가 약을 찾아 먹는 상황이 되었다. 아침에 일어나면 식탁 위에 놓인 약부터 확인한다. 한약은 식전에, 양약은 식후에. 정해진 시간에 정해진 약을 먹는 것이 일상이 되었다. 처음에는 약 먹는 것을 자꾸 잊어버렸다. 바쁘다는 핑계로, 깜빡했다는 이유로. 하지만 어느 날 약을 빼먹고 하루를 보냈더니 몸이 확연히 다른 것을 느꼈다. 혈압이 오르는 것 같고 머리가 아픈 것 같고 컨디션이 무너졌다. 그제야 깨달았다.

'아, 이제 내 몸은 약 없이는 제대로 기능도 못하는구나.'

그렇다고 남 보기에 민망할 정도로 과하게 약을 찾아 먹지는 않는다. 그저 먹으라는 대로 시간에 맞춰 먹을 뿐이다. 명분은 '더 이상 나빠지지 않게'이지만 때때로 먹고 사용해줘야 몸이 편할 때가 있다. 신기한 것은 매일 정해진 시간에 정성을 들여 먹는 약은 감사의 보답이라도 하듯이 내게 반응을 보이기 시작한다는 것이다. 특히 약이 다 떨어져 갈 때는 더더욱 정성을 다한다. 하나라도 빼먹지 않겠다는 약과의 약속 같은 것이 생겼기 때문이다. 모든 일이 그렇듯이 약은 정해진 시간에 정성을 다해 복용해야 한다. 그저 습관적으로 먹는 약은 오히려 몸의 내성만 키워 독으로 변하기 일쑤다.

며칠 전 정기 검진에서 의사가 말했다.

"약을 잘 드시고 계시네요. 수치가 많이 좋아졌습니다."

그 말에 묘한 성취감이 들었다. 약을 잘 먹는 것도 자기 관리라는 생각이 들었기 때문이다. 이제 약은 나의 동반자다. 내가 더 오래 더 건강하게 살 수 있도록 도와주는 친구다. 이전에는 약을 먹는 것이 노쇠함의 증거처럼 느껴져 거부감이 들었다. 하지만 이제는 다르다. 나이 든다는 것은 약과 함께 정성스럽게 몸을 관리해나가는 것이라고 생각해본다. 그것도 일종의 지혜다. 젊음을 유지하려고 애쓰는 것이 아니라 나이 듦을 받아들이고 거기에 맞춰 살아가는 것이다.

친구들을 만나면 이전에는 주식이나 부동산 이야기를 했는데 이제는 건강과 약 이야기가 주를 이룬다. 그것이 우리 나이대의 현실이고 우리가 받아들여야 할 삶의 모습이다. 여생을 함께할 친구인 약. 고맙고도 씁쓸한 동행이지만 젊음에서 멀어지되 건강을 포기하지 않는 것. 완벽함에서 멀어지되 최선을 다하는 것. 그것이 나이 드는 법을 배워가는 과정이라는 생각이 든다.

# 12

---

## 나도 그런 사람이 되었으면 좋겠다

●

살다 보니 축하할 일도, 함께 가슴 아파할 일도 많은 것 같다. 축하할 일은 함께 기뻐만 해주면 되니 큰 문제가 아닌데 함께 가슴 아파할 일은 괜히 미숙한 말과 행동으로 상황을 더 어색하게 만들고 때에 따라 상대방에게 상처를 줄 수도 있다.

수술받은 회사 동료 병문안을 갔을 때였다. 함께 간 선후배들은 저마다 위로랍시고 모두 한마디씩 거들었다. 그런데 한 친구는 아픈 동료의 어깨를 툭툭 치며 조용히 말했다.

"많이 아팠어? 이제 좀 어때?"

그게 전부였다. 특별한 조언도 해결책도 없었다. 그저 그의 마음을 헤아린다는 듯한 한마디였다. 수술받은 친구는 조용히 자신의 이야기를 시작했다. 가족에게 미안했던 마음, 그동안 느꼈던 무서움, 앞날의 걱정들. 그 모습을 보면서 깨달았다. 그저 옆에 있어만줘도 위로가 된다는 것을. 맞닥뜨릴 현실을 안고 있는 친구에게 괜한 자기 이야기나 경험담 등은 부담이 되었을 것임을. 돌이켜보면 아팠던 동료뿐만 아니라 어려움을 겪는 친구에게 도움을 준다고 준 것이 오히려 그를 더 힘들게 하지는 않았을까.

우리는 수많은 관계 속에서 살아가고 있다. 그리고 그 관계가 오랫동안 좋은 관계로, 만날 때마다 좀 더 성숙한 관계로 이어지길 바라며 살고 있다. 하지만 나이가 들수록 그 관계는 점점 줄어든다. 피치 못할 사정으로 관계가 멀어지는 것은 어쩔 수 없지만 각자 다른 경험과 다른 삶을 살다 보면 시간이 지날수록 관계의 공통분모가 줄기 때문이다. 좋았던 추억과 기억은 뒤로 한 채.

   관계가 좀 더 길어지고 성숙해지길 바란다면 친구가 좀 더 편하게 이야기할 수 있도록 해주는 지혜와 경청의 자세가 필요하지 않을까. 부처님의 염화시중과 제자 마하가섭의 미소가 생각난다. 나도 그런 사람이 되었으면 좋겠다.

제3부

가장 가까운 사람

60년 동안 살면서 처음으로 앞치마를 둘렀다. 설거지하고 요리를 배우고 아내의 이야기를 '해결'하지 않고 그저 들어주는 법을 익혔다. 화성에서 온 남자와 금성에서 온 여자가 제3의 별인 지구에서 만나 30년 동안 함께 살았지만 이제야 서로의 언어를 배운다. 내가 회사에서 'Vice President'였다면 집에서는 독재적인 'President'였음을 뒤늦게 깨달았다. 사랑은 해결하는 것이 아니라 함께하는 것임을 이제야 알게 되었다.

# 13
## 그때 그 시간, 나는 없었다

미국으로 떠났던 아내가 돌아오는 날이다. 출산한 둘째의 산후조리를 도와주러 미국에 갔다가 두 달 만에 온 것이다. 함께 사는 첫째 손자를 돌보다 이번에는 미국행. 그렇게 아내는 쉴 틈 없이 아이들을 위해 모든 면에서 진심이다.

며칠 전 손자를 데리고 놀이터에 갔다가 문득 이런 생각이 떠올랐다.

'큰애와 나는 이맘때쯤 무엇을 했지?'

함께 놀아준다고 놀아준 것 같은데 둘째가 그림을 그릴 때는… 기억이 희미했다. 그 중요한 순간들마다 대부분 나는 없었다. 나는 늘 이해받는 자리에 있었다. 그리고 그것을 당연시했다. 아들로서 남편으로서 아빠로서 직장인으로서 종손으로서.

더 가슴 아픈 건 부모님 이야기다. 혼자되신 아버님을 20년 동안 모셨는데 그 긴 세월 동안 나는 얼마나 자주 아버님과 함께했던가. 아내는 어머님을 병원에 모시고 다녔고 아버님 식사를 차려드리기 위해 모임에 나갔다가도 때가 되면 혼자 부리나케 돌아와야만 했다. 그런 시간에 나는 늘 회사 일을 핑계로 빠져있었다. 그 시간에 나의 공백으로 아내와 아이들은 힘들지 않았을까?

삼성에서의 30년. 나는 가족보다 회사를 우선시했다. 모든 것이 '긴급'이고 '중요'했던 그곳에서 정작 진짜 중요한 것들을 놓치고 살았다. 환갑이 지나서야 철이 드는 모양이다. 그 순간들이 영상처럼 스쳐 지나간다. 남은 인생은 반성과 깨우침의 시간이다. 아내가 자리를 비운 지난 두 달 동안 손자를 돌보면서 많은 생각을 했다.

'아이를 키우는 것이 이런 거구나.'

부모님 생각도 나고 '아내가 두 딸을 이렇게 키웠겠구나.'라고 새삼 느꼈다. 지금부터라도 달라지려고 한다. 소리 없이 천천히. 그들이 눈치채면 부담스러워할 테니까.

아내를 맞으러 공항으로 간다. 이번에는 진짜 '있는 사람'으로서. 그때 그 시간에 나는 없었지만 지금부터라도 곁에 있으려고 한다. 물론 지나간 시간은 돌아오지 않는다. 하지만 남은 시간만큼은 다르게 살 수 있다. 그것이 내가 할 수 있는 작은 속죄이자 늦은 사랑의 표현이니까.

## 14

### 들어주기만 하면 돼요

🔻

젊은 시절 아내가 자주 하던 말이 있다.

"당신은 들어주기만 하면 되는데."

그때는 그 말이 무슨 뜻인지 정말 몰랐다. 아내가 하루 동안 있었던 일을 이야기하면 나는 늘 문제를 즉시 해결한답시고 말했다. 아버님이 힘들게 하시는 것 같으면 "내가 아버님께 말씀드릴게.", 아이들 교육 문제로 고민하면 "이렇게 해보는 게 어때?", 친정 부모님 걱정을 하면 "내가 알아볼게."라는 식이었다.

그러면 아내는 더 이상 말하지 않았다. 처음에는 고마워하는 줄 알았는데 시간이 지나면서 아내는 오히려 대화를 피하는 것 같았다. 좋은 날을 골라 어렵게 이야기를 꺼냈던 아내는 결국 그날도 망쳐버린 기분으로 하루를 마감하곤 했다.

어느 날 아내가 터뜨렸다.

"그냥 내 이야기를 들어주기만 하면 되는데 왜 당신은 매번 해결하려고 해? 당신이 그러면 일을 더 힘들게 만들고 있다는 생각은 안 해요?"

그제야 깨달았다. 아내는 해결책을 원한 게 아니었다. 그저 하루의 피로, 마음의 짐, 작은 불만을 누군가에게 털어놓고 싶었을 뿐이었다. 그런데 나는 늘 판사가 되어 옳고 그름을 판단하고 의사가 되어 처방전을 내리려고 한 것이다.

생각해보면 회사에서의 습관이 그대로 집으로 이어진 것 같았다. 회사에서는 모든 문제에 해결책이 필요했다. 보고를 받으면 지시를 내려야 했고 문제가 생기면 대안을 제시해야 했다. 그것이 유능한 관리자의 자세라고 믿었다. 하지만 집은 회사가 아니었고 아내는 부하직원이 아니었다. 아내에게 필요한 것은 해결사가 아니라 그저 옆에서 고개를 끄덕여주는 동반자였다.

　지금도 가끔 그때를 떠올리면 민망한 생각이 든다. 정말 뭘 몰라도 한참 몰랐던 시절이었다. 그냥 들어만줘도 아내의 기분이 다 풀렸을 텐데. 남자의 괜한 자존심에 남편으로서 해결책을 찾아준다는 명목으로 오히려 아내를 더 힘들게 했던 것은 아닐까.

　"그때 왜 그냥 들어주지 못했을까?"

　가끔 아내에게 묻는다.

　"다 지나간 일인데 뭐. 지금이라도 알았으면 됐어요."

　아내는 웃으며 대답한다.

　퇴직 후 집에서 보내는 시간이 많아지면서 역할이 바뀌었다. 이제는 하루 동안 있었던 일을 내가 아내에게 이야기한다. 동네에서 만난 사람들, 산책하며 본 풍경, 읽은 책의 내용. 별것 아닌 이야기들이지만 아내는 조용히 들어준다.

"오늘 남산 올라갔다가 전에 다니던 402번 버스를 탔어."

"또 그 402번을 탔어요?"

아내는 웃으며 말했다. 아내는 내가 같은 이야기를 반복해도 처음 듣는 것처럼 들어준다. 조언하지 않고 평가하지 않고 그저 들어준다. 그것이 얼마나 큰 위로가 되는지 이제야 안다.

# 15

## 이제야 앞치마를 둘렀다

"아빠! 엄마 좀 도와주세요."

미국에 사는 둘째가 전화로 부탁을 한다. 엄마가 힘들어 보인다면서.

"그래, 알았다. 걱정하지 마."

쉽게 대답했지만 전화를 끊고 나니 무엇을 어떻게 도와줘야 할지 막막했다. 아내를 보니 정말 지쳐 보였다. 미국까지 가 둘째의 산후조리를 도와주고 돌아온 지 얼마 되지도 않았는데 큰딸네 손주를 돌보느라 또 두 달을 보냈다. 그동안 나는 무엇을 했나? 하나밖에 없는 아들이자 종손으로 귀하게 자란 나는 당연하다는 듯 모든 집안일을 아내 몫으로 여기고 살았다.

그날부터 설거지를 시작했다. 그까짓 것 앞치마 두르는 게 뭐라고 마음이 짠했다. 60년 인생에 처음이었으니까. 그런데 막상 싱크대 앞에 서니 별것 아니었다. 그릇을 씻고 행주로 닦고 정리하는 단순한 일이었지만 매일 해야 하는 일이어서 만만치 않았다. 아내가 옆에서 지켜보다가 말했다.

"고마워요."

그 한마디가 이상하게도 마음을 흔들었다.

'아내는 30년 동안 매일 이 일을 했는데 나는 고맙다는 말을 한 번도 제대로 한 적이 없구나.'

설거지가 익숙해지자 요리도 시작했다. 토마토 달걀 볶음. 올리브유도 넣고… 나의 주특기 메뉴다. 점점 신이 났다. 무엇보다 요리하는 내 모습을 아내가 옆에서 지켜보는 게 좋았다.

"아버지, 어머니, 제가 앞치마를 둘렀어요."

부엌에서 일하다가 혼잣말처럼 중얼거렸다. 평생 한 번도 부엌일을 하지 않으셨던 아버지. 평생 부엌에서 보내셨던 어머니. 두 분이 보신다면 뭐라고 하실까.

하루는 퇴근한 큰딸이 내가 요리하는 모습을 보고 웃으며 말했다.

"우리 아빠가 달라졌어요, 호호."

"뭐가?"

"그냥… 좋아요."

딸의 미소에서 안도감 같은 것이 느껴졌다.

'아, 그동안 가족들이 얼마나 답답했을까?'

이전 동료를 만났다.

"요즘 뭐해?"

"요리 배우고 있어. 집에서."

"자네가?"

놀라는 표정이 재미있었다.

"오늘 아침은 내가 할게"라는 말이 이제 자연스럽다. 앞치마도 제법 어울린다고 아내가 말한다. 뭐, 핑크색 꽃무늬가 좀 그렇지만. 가끔 생각한다. 이렇게 간단한 일을 지난 30년 동안 왜 하지 않았을까. 설거지하는 시간, 요리하는 시간이 이렇게 평화로운 줄 진작 알았더라면.

저녁을 먹고 아내와 나란히 서서 설거지를 한다. 별다른 대화가 없어도 그냥 좋다. 접시 부딪치는 소리, 물 흐르는 소리가 정겹다. 둘째의 부탁이 고맙다. 그 한마디가 없었다면 나는 여전히 소파에 누워 TV만 보고 있었을 것이다. 이제야 시작했지만 그래도 늦지 않았다고 믿는다. '내일은 뭘 해 먹을까? 아내가 좋아하는 비빔냉면에 도전해볼까?' 앞치마를 벗으며 생각한다. '이런 게 사랑이었구나.'

# 16

## 화성에서 온 남자, 금성에서 온 여자

●

베스트셀러였던 『화성에서 온 남자, 금성에서 온 여자』가 한 때 많이 회자되었다. 나도 남들 앞에 설 때마다 종종 인용했다. 남자와 여자가 얼마나 다른지 설명하기에 딱 좋은 비유였으니까.

살다 보면, 특히 함께 살다 보면 '정말 달라도 어떻게 이렇게 다를 수 있을까?' 생각될 때가 있다. 같은 상황을 두고도 아내와 나는 전혀 다르게 해석한다. 같은 영화를 보고도 나는 액션

장면에 열광하는데 아내는 주인공의 감정 변화를 이야기한다. 이전에는 그게 답답했다.

"왜 그렇게 복잡하게 생각해? 그냥 단순하게 보면 안 돼?"라면서 내 방식을 강요했다. 아내도 마찬가지였을 것이다.

화성과 금성. 정말 안성맞춤의 표현이다. 다른 별에서 태어나 다른 환경에서 자란 두 사람이 만나 함께 새로운 세상을 만들어야 한다니. 누구에게는 지옥이 될 것이고 누구에게는 천국이 될 것이다.

"여보, 내가 오늘 친구 만나고 왔는데…"

아내가 하루 동안 있었던 일을 이야기하기 시작하면 나는 긴장한다. 혹시 내가 해결해야 할 문제가 있나? 조언을 원하나? 그래서 늘 해결책을 준비한다. 하지만 아내는 해결책을 원하는 게 아니라 그냥 들어주기를 원했다. 화성 사람과 금성 사람의 소통 방식이 다르다는 것을 30년이 지나서야 깨달은 것이다. 만약 화성에서 온 사람과 금성에서 온 사람이 만나 정말 살아야 한다면 서로의 언어를 배워야 할 것이다. 상대방의 문화를 이해하려고 노력해야 할 것이다. 계약이 없었다면 진작 각자의 별로 돌아갔을지도 모른다.

하지만 우리는 계약이 아닌 사랑으로 만났다. 그리고 30년 동안 함께 살았다. 그 시간 동안 조금씩, 아주 조금씩 서로의 언어를 배웠다. 나는 아내가 "그냥 들어줘."라고 할 때 정말 그냥 들어주는 법을 배웠다. 아내는 내가 혼자 있고 싶을 때 그냥 놔두는 법을 배웠다. 완벽하지는 않지만 노력하고 있다.

요즘 들어 생각한다. 남자와 여자가 다른 게 아니라 사람은 원래 다 다른 거라고. 제멋대로의 자유의지를 가지고 태어난 우리는 각자 자신만의 세상을 산다. 그중에서 자신을 얼마나 다듬고 관리해 평범하게 살아갈 수 있느냐. 죽음 앞에 섰을 때 '그래도 잘 살았다'라고 함께 살아온 사람들이 인정해 준다면 그것이 성공한 인생 아닐까.

어제 아내가 말했다.

"당신은 가끔 정말 화성에서 온 것 같아요."

"당신도 가끔 금성보다 더 먼 데서 온 것 같은데?"

우리는 그렇게 농담을 주고받으며 웃었다.


30년 전에는 서로를 바꾸려고 했다. 화성 사람을 금성 사람으로, 금성 사람을 화성 사람으로 만들려고 했다. 하지만 이제는 안다. 그럴 필요가 없다는 것을. 화성은 화성대로 금성은 금성대로 아름답다. 다만, 가끔 서로의 별로 놀러 가는 것이다. 여행자의 마음으로 호기심과 존중을 가지고. 그것이 부부가 함께 사는 지혜인가 보다. 같아지려고 애쓰지 말고 다름을 인정하고 즐기는 것이다. 화성에서 온 남자와 금성에서 온 여자. 우리는 지구라는 제3의 별에서 만나 새로운 삶을 만들어가고 있다. 완벽하지는 않지만 그럭저럭 재미있게.

# 17

## 부부유별

10여 년 전에는 아내와 함께 산에도 제법 올라갔다. 땀 흘리는 것을 유독 싫어했던 아내는 부인병을 이겨낸 친구들의 권유로 시작했지만 나름 묘미를 느꼈던 모양이다. 그때는 주말이면 더 높은 산도 나보다 더 잘 거뜬히 올라갔다. 하지만 무릎이 안 좋아지면서 등산을 겁내더니 이제는 둘레길조차 조금만 걸어도 힘들어한다.

지난주 내내 송추 내려오는 길은 둘레길 같다고 아내를 설득했다. '그렇다면 한번 가보죠.'라는 대답을 받아냈다. 나이 들어 시간을 함께 보내줄 새로운 친구를 얻은 것 같아 감사한 마음으로 준비했다. 스틱도 챙기고 무릎 보호대도 준비하고 내려오는 길에 힘들어해도 절대로 뭐라고 하지 말자고 다짐했다.

산을 오르기 시작하고 산 중턱에 다다르기도 전에 아내가 투덜거렸다.

"이게 무슨 둘레길이에요? 등산화 신으라고 했을 때 눈치챘어야 했는데."

그만 내려가자는 말에 배낭에서 준비한 것들을 꺼냈다. 과일, 유부초밥, 김치, 음료수가 돌 위에 펼쳐졌다. 먹자마자 내려가려니 섭섭했지만 함께 있는 것만으로도 좋았다. 그런데 식사 후 뜻밖의 반전이 일어났다.

"나 좀 더 올라갈 수 있을 것 같아요."

다시 올라가기 시작했지만 얼마 못 가 힘들어했다. 무릎 보호대를 정성껏 채워주고 천천히 내려왔다.

산에서 내려오면서 묘한 감정이 밀려왔다. 오랜만에 함께한 산행. 그것도 내가 나름 '속임수'를 써 이끌어낸 이 시간이 왜 이리 귀하게 느껴지는지. 우리의 30년 결혼생활이 새삼 떠올랐다.

요즘 '졸혼'이라는 말을 자주 듣는다. 법적 혼인 관계는 유지하되 부부의 의무로부터 자유로워지는 것이라고 한다. 100세 시대를 맞아 한 사람과 평생을 함께하는 것이 버겁다는 사람들도 있다. 하지만 우리가 '부부유별(夫婦有別)'의 진짜 의미를 알았더라면 어땠을까. 이 말은 흔히 남녀 차별로 오해받지만 사실 부부 사이에도 서로 침범할 수 없는 영역이 있다는 뜻이다. 서로의 다름을 인정하고 존중하는 지혜였다. 즉, 서로의 다름을 인정하고 각자의 공간을 존중하는 것. 함께하되 구속하지 않고 사랑하되 소유하지 않는 것. 부부는 단순히 한 지붕 아래 사는 것이 아니라 다름을 인정하고 존중하면서 함께하는 것이다. 동양의 오래된 지혜를 우리는 구시대적인 것으로 너무 쉽게 치부해버렸다. 그 안에는 수천 년 인간관계의 지혜가 담겨 있는데 말이다.

    집에 도착해 신발을 벗으며 물었다.

"다음 주에는 뭐 할까? 당신이 좋아하는 걸로."

"하루 종일 음악 들으며 조용히 쉬고 싶어요. 당신은 친구들이랑 등산 가세요."

"혼자 심심하지 않겠어?"

"오히려 좋아요. 혼자만의 시간도 필요하거든요."

    아내의 대답에 나는 고개를 끄덕였다. 그것이 바로 부부유별이었다. 서로의 다름을 인정하고 각자의 공간을 존중하는 것. 오늘 나는 새로운 친구를 다시 얻었다. 이 친구는 멀어지지 않았으면 좋겠다.

## 18

---

## 아내에게(미리 보내는 편지)

여보, 오늘처럼 눈 오는 날 혹시 내가 보고 싶거든 그냥 창문을 열고 눈 내리는 풍경을 즐겨요.

그래도 그리움이 밀려오거든 따뜻한 차 한 잔 하면서 당신이 좋아하는 조용한 음악을 들어요.

나 없는 날들에도 당신이 항상 즐겁고 건강하게 살아가길 바래요.

물론 지금처럼 함께 있으면 더할 나위 없이 좋겠지만.

내가 얼마나 정리해 놓고 갈지는 모르지만 우리 이야기 중에 당신 기억 속에 있는 몽오종가 이야기가 가끔 화제가 되고 전시나 학술대회 소식이 들리거든 날씨 좋은 날 산책 삼아 한 번씩 들러봐요.

　해외까지는 무리겠지만 아이들이 함께 가자고 하면 건강이 허락하는 한 동행도 하고요.

　그러다가 종가의 칼리디자인 이야기가 들리거든 나를 만난 듯 환한 미소로 반가이 맞아주세요.


　내가 당신을 위해 소일거리를 다 만들어놓고 가서 좋겠네.

　이것도 물론 내가 먼저 하느님 곁으로 갔을 때의 이야기이지만.

　만약 그 순서가 바뀐다면 나는 당신이 좋아하던 음악을 듣고 가고 싶었던 곳들을 답사하고 칼리디자인 작품 활동을 이어가며 살 거예요.


　여보, 우리 이렇게 삽시다.

그러면 아이들도 우리처럼 살 테고 그 아이들도 그렇게 이어가겠지.

그러면 우리가 몽오종가의 역할을 다했다고 부모님도 몽오 할아버지도 흐뭇하게 웃어주실 거야.

"우리 삶이 그랬다."라고 하시면서.

어때요, 내 생각이?


여보, 지금 우리에게 주어진 이 시간에 충실하며 살아요.

그리고 건강하고 행복하게.

제4부

**세대를 잇는 마음**

세 살 손자 앞에서 나는 완전히 무장해제된다. 이 작은 스승은 과거도 미래도 없이 오직 '지금'을 산다. 조선 시대에는 할아버지와 손자가 함께 과거시험을 보러 가기도 했다는데 나는 손자와 블록 놀이를 하며 인생을 배운다. 큰딸은 서울에서, 둘째는 미국에서 검소하게 살아가는 모습을 보며 '맥반정승' 몽오 할아버지의 정신이 대를 건너뛰어 이어짐을 본다. 진정한 유산은 재산이 아니라 삶의 태도임을 깨닫는다.

# 19

## 아버지, 어머니, 보고 싶습니다

●

　손자를 보고 있으면 이상하게 아버지 생각이 난다. 아이가 장난감 자동차를 가지고 놀다가 "할아버지, 이거 봐요!"라며 달려올 때마다 내가 어릴 때 아버지께 똑같이 달려갔던 기억이 문득 떠오른다. 그때 아버지는 어떤 마음이셨을까? 부모님은 나이가 들수록 점점 잊혀지는 것이 아니라 가슴으로 점점 더 느껴진다는 것을 이제야 깨닫는다. 돌아가신 지 오래되었는데도 시간이 지날수록 오히려 더 선명해지는 것은 왜일까.

막내인 둘째는 자라면서도 할아버지를 자기 친구처럼 이름을 항상 부르곤 했다. 홀로 되신 할아버지는 가족 모두에게 쉽지 않고 때로는 무겁고 어려운 존재이셨는데도 아이는 늘 할아버지의 이름을 불렀다.

"김주호 할아버지, 같이 놀아요!"

그런 아이가 지금은 딸아이를 낳고 엄마가 되었다. 시간이 정말 빠르다. 이제는 내가 할아버지가 되어 손자 손녀들과 놀아주고 있으니 말이다. 언젠가 이 아이들도 나를 이름으로 불러주면 좋겠다. 친구처럼.


아버지가 돌아가신 지 몇 년이 흘렀는데도 여전히 아버지와 대화를 나눈다. 아침에 일어나서, 출근하는 시간에, 집에 돌아와서, 잠자리에 들기 전에. 거실에 모셔둔 부모님 사진을 보며 안부를 묻고 전한다.

"아버지, 오늘은 손자랑 놀이터 다녀왔어요."

"어머니, 둘째는 미국에서 잘 지내고 있대요."

때때로 많이 아쉽다. 더 많이 대화하지 못한 것들이 이제야 궁금해지기 때문이다. 아버지도 퇴직하시고 이런 마음이셨을 까? 아버지도 당신의 아버지가 그리우셨을까?

손자가 블록을 쌓다가 무너뜨리더니 다시 쌓기 시작한다. 그 모습을 보며 생각한다. 우리도 저렇게 무너뜨리고 다시 쌓기를 반복하며 살아가는 것은 아닐까. 부모가 쌓아놓은 것 위에 우리가 쌓고 그 위에 아이들이 또 쌓아가는. 내게 힘든 순간이 오면 아버지, 어머니 생각이 더 난다. 그때 그 시절을 어떻게 무슨 생각을 하시며 지내셨을까. 부모님이 계셨다면 물어보고 싶은 것들이 너무 많다. 하지만 이제는 물어볼 수 없다. 다만, 기억 속에서, 사진 속에서, 내 아이들의 모습 속에서 부모님을 만날 뿐이다.

손자가 또 달려온다. "할아버지, 같이 놀아요!"
아이를 안아 올리며 생각한다. 언젠가 이 아이도 나를 이렇게 그리워할 날이 올까? 그때를 위해 나는 무엇을 남겨야 할까? 아버지가 내게 남기신 것처럼 나도 뭔가를 남길 수 있을까?

"그래, 우리 뭐하고 놀까?"

아이와 놀아주면서도 마음 한구석에서는 여전히 속삭인다.

'아버지, 어머니, 보고 싶습니다.'

# 20

## 우리 막내 잘 부탁드립니다

둘째가 결혼한다는 소식을 들었을 때 큰딸 때와는 달랐다. 유학 생활이 길어서인지 미국 교포와 사귄다더니 정말 결혼까지 하게 되었다. 그것도 비자 문제로 급히 서둘러야 한다며 미국에서 결혼식을 올린다고 했다.

큰딸은 큰딸답게 1년 전부터 차근차근 준비했다. 정동 프란치스코 회관을 예약하고 하객 명단을 정리하고 모든 것이 계획대로 진행되었다. 결혼식 당일 나는 하객들과 악수하며 환하게 웃었다. 사위에게 딸의 손을 건네주는 순간에도 웃고 있었다. '아빠는 안 울어!'라고 큰소리쳤고 정말 울지 않았다. 하지만 둘째는 달랐다. 결혼식을 위해 미국행 비행기에 오르는 순간부터 마음이 이상했다.

"여보, 괜찮아요?"

아내가 내 손을 잡았다. 비행기로 12시간이 그렇게 길게 느껴진 적이 없었다. 둘째 생각이 계속 났다. 어릴 때부터 엄마 껌딱지였던 아이. 수영장에 가면 무서워 내 다리를 붙잡고 떨어지지 않던 아이. 그런 아이가 어떻게 혼자 유학을 갔는지, 유학을 마치곤 이제 해외라면 지긋지긋해 엄마가 해주는 따뜻한 밥 먹고 다시는 외국으로 안 나가겠다던 녀석이 또 나갔다. 그리고 이제는 아예 그곳에 살려고 갔다. 비행기 창 밖으로 끝없이 태평양이 보였다. 이 바다와 나는 또 얼마나 많은 이야기를 할까.

미국에 도착해 호텔에 짐을 풀고 이튿날 결혼식장으로 향했다. 비가 갠 후 결혼식은 축복이라도 하듯 쌍무지개가 떠올라 목사님의 주례 말씀을 더 감동스럽게 했다. 아늑하고 따뜻했다. 드레스를 입은 둘째를 보는 순간 가슴이 먹먹해졌다. 아직도 아기 같은데 벌써 시집을 가다니.

"아빠, 나 어때? 이뻐?"

둘째가 빙그레 웃으며 물었다. 큰딸과 똑같은 질문이었다. 하지만 내 마음은 전혀 달랐다.

"응… 제일 이뻐."

목소리가 떨렸다. 둘째도 눈치챘는지 내 손을 꼭 잡았다.


결혼식이 시작되었다. 신부 입장 음악이 울려 퍼지고 나는 둘째와 팔짱을 끼고 천천히 걸었다. 버진 로드가 너무 짧게 느껴졌다. '좀 더 길었으면…' 아쉬움이 밀려왔다.

"신부 측 아버님 인사가 있겠습니다."

사회자의 말에 마이크 앞에 섰다. 준비한 말이 있었다. 국제결혼의 의미니 두 문화의 만남이니 그럴듯한 말들. 하지만 입을 여는 순간 그 모든 것이 사라졌다.

"우리 막내 잘 부탁드립니다."

그 짧은 한마디를 하는데 목이 메었다. 눈물이 왈칵 쏟아졌다. 참으려고 했지만 소용없었다. 큰딸 결혼식 때는 왜 안 울었을까. 지금 생각해보니 이유는 간단했다. 큰딸은 한국에 있다. 보고 싶으면 언제든지 볼 수 있다.

하지만 둘째는 다르다. 이제 태평양 너머에서 살게 된다. 비행기로 12시간. 보고 싶다고 쉽게 볼 수 있는 거리가 아니다.

"아빠, 울지 마세요."

둘째가 속삭였다. 그 말에 더 울컥했다. 피로연에서도 계속 울었다. 사위가 당황한 표정으로 아내를 바라보았다. 아내가 설명했다.

"괜찮아, 지완!"

"아버님, 어머님, 걱정 마세요. 저희 잘 살게요."

한국으로 돌아오는 공항. 딸 부부는 우리를 배웅했다.

"아빠, 자주 연락할게요."

"그래, 건강하고 행복하거라."

게이트로 들어가며 둘째의 모습이 흐릿해졌다. 아내도 눈시울이 붉어졌다.

갓난아기 때부터 결혼식 날까지 그 긴 시간이 한순간처럼 느껴졌다.

"여보, 걱정 말아요! 잘 살 거예요."


두 딸의 결혼. 정말 다른 느낌이었다. 큰딸은 당당하게 보냈고 둘째는 눈물로 보냈다. 어느 한쪽을 더 사랑하는 건 아니다. 그저 '멀어짐'의 무게가 달랐을 뿐. 집으로 돌아와 둘째의 방을 오랫동안 들여다보곤 했다. 영상통화를 하면 반갑지만 끊고 나면 더 보고 싶어졌다.

아이들은 커서 각자의 길을 걸어가고 있지만 다른 한편으로는 아빠를 아버지로 철들게 해주고 있어 감사하다. 큰애 부부와 손자는 집의 빈 자리를 채워주고 나는 새로운 세상을 경험하고 있다. 그러니 막내야, 행복하렴. 멀리 떨어져 있어도 아빠 마음은 늘 네 곁에 있단다.

# 21

---

## 세대를 초월한 친구

손자 손녀를 보면서 문득 조선 시대의 한 풍경이 떠올랐다. 할아버지와 손자가 함께 과거 시험장으로 향하는 모습. 과거 시험 급제가 오늘날 서울대 입학보다 어려웠다니 평생의 과업으로 여기며 도전하는 사람들이 많았던 모양이다.

재미있는 것은 아버지와 아들이 함께 시험을 보는 것은 꺼렸다는 것이다. 아버지가 떨어지고 아들이 붙으면 체면이 말이 아니었을 것이고 반대의 경우도 부담스러웠을 것이다. 하지만 할아버지와 손자는 달랐다. 할아버지가 붙고 손자가 떨어져도, 손자가 붙고 할아버지가 떨어져도 서로에게 부담이 되지 않았다. 손자가 급제하면 할아버지는 자랑스러워했고 할아버지가 급제하면 손자에게도 자랑거리가 되었다.

가장 흥미로운 것은 둘 다 급제했을 때다. 손자의 친구들과 할아버지가 동창생이 되어 벗이 되었다는 것이다. 손자뻘 아이와 함께 학문을 논하는 모습. 언뜻 우스워 보이지만 시사하는 바가 크다. 그들은 세대를 초월한 생각들을 나누었을 것이다. 나이 차이를 뛰어넘어 동등한 입장에서 배우고 토론했을 것이다.

지금 우리는 어떤가. 나이가 곧 서열이 되고 세대 간 소통은 점점 더 어려워지고 있다. 젊은 세대는 꼰대라고 비꼬고 기성세대는 요즘 것들이라고 비하한다. 하지만 조선 시대의 그 풍경은 다른 가능성을 보여준다. 배움 앞에서는 나이가 무색하다는 것. 할아버지도 여전히 배울 수 있고 손자도 가르칠 수 있다는 것. 요즘 대학 캠퍼스에서 백발의 학생들을 보면 당시 풍경이 겹쳐진다. 평생교육 시대라지만 사실 이전부터 있었던 일이다. 다만, 우리가 잊고 있었을 뿐이다.

하루는 세 살이 된 손자가 갑자기 말했다.

"사람은 똑같은 거 같아요!"

"뭐가?"

"잠자고 일어나 밥 먹고 똥 누고 놀다가 자고…"

그래, 네 말이 맞다! 손자와 시간을 보내면서 느낀다. 이 아이에게 배울 것이 얼마나 많은지. 그리고 내가 전해줄 것도 어떤 것이 있을지 다시 생각해 본다.

세대를 초월한다는 것은 나이를 잊는 것이 아니다. 나이 차이를 인정하되 그것이 벽이 되지 않게 하는 것이다. 서로에게 배우고 가르치며 함께 성장하는 것이다. 조선 시대 할아버지와 손자가 동창이 되었다는 이야기. 그것은 단순한 해프닝이 아니라 진정한 소통과 배움의 모습을 보여주는 아름다운 광경이었다. 이제 우리도 세대를 초월해 서로 인정하고 배우는 관계를 만들어갈 수 있지 않을까. 그것이 진정한 지혜의 전승 아닐까.

# 22

## 나를 포기하는 지혜

•

손자에게 자비는 없다. 다 자기 고집대로다. 이제 말귀를 알아듣고 통제가 되는 것은 기특한데 일단 자기가 해야겠다고 생각되면 그 순간부터 완전 떼쟁이다. 이 녀석과 밖에서 놀아주려면 일단 내가 가진 생각들을 빨리 포기하고 작정하고 놀아줘야 한다. 그렇지 않으면 무슨 일이 생길지 모른다.

한여름에는 더위를 피해 오전과 오후에 산책할 겸 동네 한 바퀴를 함께 돈다. 그리고 놀이터가 보이면 신나 놀자고 이끄는데 잠시 다른 생각이나 행동을 했다간 순식간에 무슨 일이 벌어질지 모른다. 비가 올 때는 더더욱 그렇다. 아이들에게 비는 하늘에서 뿌려주는 물놀이인가 보다. 재미있어하는 것은 좋은데 내가 볼 때는 온통 미끄럽고 주위가 위험천만할 뿐이다. 내 생각을 할 겨를이 없다.

이 녀석은 내게 자비라곤 전혀 없어 온 근육을 쓰게 하고 온 정신을 집중하게 한다. 그야말로 건강한 육체와 건강한 정신을 위한 보약 같은 존재다. 이것이 나를 건강으로 이끌어 주는 비결 같아 손자가 고맙다.

이 작은 아이가 내게 가르쳐주는 또 다른 것들이 있다. 매일 똑같은 놀이를 반복해도 지루해하지 않는 것. 넘어져 울어도 다시 일어나 신나게 노는 것. 세상은 이 아이의 '완전한 현재' 다. 과거를 후회하지도 미래를 걱정하지도 않는다. 배고프면 먹고 졸리면 자고 놀고 싶으면 논다. 슬프면 울고 기쁘면 웃는다.

"할아버지, 사랑해요."

갑작스러운 고백에 가슴이 뭉클해진다. 이 아이는 사랑한다는 말도 아무 계산 없이 그저 느끼는 대로 한다.

나는 늘 과거와 미래 사이에서 흔들렸다. 체면 때문에 울지 못하고 눈치 때문에 웃지 못하고 남의 시선 때문에 하고 싶은 것을 못 하며 살아왔다. 하지만 이 꼬마 스승은 '지금'을 사는 법을 가르쳐준다. 블록이 무너져도 다시 쌓으면 되고 지금 즐거움을 온전히 느끼는 단순한 진리를. 손자 앞에서 나는 완전히 포기하며 새로운 것을 담는다. 지금까지 쌓아온 체면, 권위, 어른다움 대신 얻은 것은 순수한 현재다.

# 23

## 생활의 유산

첫째가 유학길에 올랐을 때였다. 대학 전 학년을 수석 장학생으로 마친 아이가 파리로 떠나는 날 나는 자랑스러움과 미안함이 뒤섞인 복잡한 마음이었다. 아이는 "아빠, 걱정 마세요."라는 짧은 말만 남기고 생활비 몇 푼을 쥐고 떠났다. 아이가 유학 가고 나서 당시 삼성을 떠나야겠다는 결심을 했고 얄팍한 퇴직금이지만 딸이 유럽에 있는 동안 가봐야겠다는 생각이 들었다. 다행히 고등학교 때부터 호주로 유학 간 둘째 딸이 잠시 한국에 들어와 있는 동안 홀로 계신 아버님을 모실 수 있다고 용기를 주었다. 평생 시부모를 봉양한 아내에 대한 보상, 그런 의미도 담고 있었다.

　파리 지하철역에서 만난 딸이 우리를 이끈 곳은 에펠탑이 보이는 자그마한 원룸이었다. 문에는 '아빠, 엄마, 환영합니다!'라고 손수 적은 글이 걸려 있었다. 방은 작았지만 깔끔했고 한쪽에는 큰딸의 생활계획표가 붙어 있었다. 연간, 월간, 일간 예산 계획표였다. 파리로 오기 전 "아빠, 생활비로 이 정도만 도와줄 수 있어?"라던 그 계획표였다. 정확한 숫자까지 적힌 계획표를 다시 보니 가슴이 먹먹했다. 미안한 마음에 제대로 보지도 않고 "그래."라고 대답했던 그 계획표. 야무진 딸 덕분에 우리는 장기간 유럽여행을 평생 잊지 못할 순간으로 채울 수 있었다.

　둘째는 예고를 다니다가 호주로 유학을 갔다. "10억 원도 없으면서 무슨 유학이야?"라는 소리를 들으며 보냈다. '서울에서 안 쓰고 안 먹으면 되지.'라는 마음으로 무리해 보냈다. 아니, 내 한풀이라도 하듯 무리해 보냈다. 아내는 분기마다 나오는 내 인센티브 성과급을 부들부들 떨며 학비로 보냈다고 한다. 나는 그저 일에만 매달렸고 아내는 모든 살림을 줄여가며 아이들 뒷바라지를 했다. 그런 사정을 너무나 잘 아는 아이들은 각자의 위치에서 알뜰하게 학업을 마쳤다.

두 딸의 검소한 생활을 보면 우리 집안 내력이 떠오른다. 몽오 할아버지로 시작되는 종가는 집 한 칸이 없을 정도로 청렴한 생활을 하셨다고 한다. 그런 할아버지를 백성들은 '맥반정승(麥飯政丞)'이라고 불렀다. 아버지도 마찬가지셨다. 나이 들어 혼자 사시는 내내 방 한 칸에서 사셨다. 작은 방에 장롱 하나. 그 안에는 사시사철 입으시는 옷 몇 벌이 전부였다. 아래 칸에는 속내의 몇 벌. 그게 아버지 소유물의 전부였다. 항상 깨끗하고 꼿꼿하셨다.

검소함은 가진 것이 적어서가 아니라 필요한 것이 적다는 것을 아는 지혜다. 몽오 할아버지가 보리밥을 드신 것도, 아버지가 방 한 칸에서 사신 것도, 아이들이 검소하게 사는 것도 모두 선택이었다. 가르친 적도 없는데 아이들은 스스로 검소함을 선택했다. 어쩌면 그것이 우리 집안의 DNA인지도 모른다. 청렴하게 살았던 선조들의 정신이 세대를 건너뛰어 아이들에게 전해진 것일까. 나도 그런 모습을 간직하며 살고 싶다. 꼿꼿한 꼰대로 남을지언정 지킬 것은 지키며 깨끗하고 정갈한 모습으로 인생을 마감하고 싶다. 그것이 종가의 정신을 이어가는 길이며 아이들에게 물려줄 수 있는 가장 큰 유산이 아닐까.

# 24

## 챗GPT와 동몽선습

●

아침을 대충 먹고 옥수수를 먹고 있는 손자 옆에서 아내는 옥수수 한 개를 점심으로 먹자며 여분으로 챙겨 놓는다. 내가 아무 생각 없이 다가가 옥수수를 집어 들자 아내는 나중에 손주에게 줄 거라며 손사래를 쳤다. 옆에 앉은 큰딸이 "엄마, 그러지 말고 아빠 드리세요."라고 말한다. 아내는 나중에 아이가 달라고 할 때 없으면 운다고 했다. 나는 손자에게 주라고 했다. 딸애가 이 광경을 보더니 챗GPT에게 묻고 우리에게 들려준다.

"챗GPT, 네가 악마라면 아무도 모르게 어떻게 아이들을 망쳐 볼래?"

내가 악마라면 강하게 밀어 붙이지 않고 편안하게 다가갈 거야.

아이들이 원하는 거라면 다 해줄 거야.

필요한 건 다 입에 떠넣어 주고 항상 함께한다고 느끼게 하지만

결국 혼자가 되도록 할 거야.

재미있게 해주지만 공허할 거야.


진실과 자신의 생각의 경계를 흐릿하게 만들어

스스로 생각할 필요가 없게 만들 거야. 다 무의미해질 때까지.


목적 없이. 끊임없이. 도파민을 쫓게 만들 거야.

본인을 숭배하면서도 동시에 혐오하게 될 거야.

전쟁으로 파괴시키는 게 아니야. 무관심으로 파괴시킬게.

산만하고 계속 스크롤. 스크롤을 하게 해.

이제 가족의 의미를 해체시킬 거야.

아빠는 선택사항이고 엄마는 지쳐 있어.

아이들은 혼란스럽겠지.

문장도 제대로 말 못하는 어릴 때부터 폰을 쥐어줄 거야.

그리고 조용하고 달콤하게 그 아이를 지켜볼 거야.


제일 천재적인 부분이 뭔지 알아?

아이들은 내가 무슨 짓을 하는지 절대로 알 수 없어.

그냥 '자유'라고 생각할 거야.


어쩌면 지금 우리가 생각하는 배려, 아이들에게 주는 자유가 정작 아이들을 망칠 수 있다는 것을 인간이 아닌 AI가 더 잘 알고 있는 것 같다. 나는 서재로 가 오래된 책 한 권을 꺼냈다. 손때 묻은 『동몽선습』이었다.


『동몽선습』은 조선 시대 서당에서 천자문을 뗀 아이들에게 다음으로 가르치던 교재였다. 그 시절에는 아는 사람이 모르는 아이에게 일방적으로 가르치는 것이 당연했고 선생님의 권위는 절대적이었다. 하지만 지금은 어떤가. 학원, 과외, 온라인 강의, 유튜브가 넘쳐나고 아이들은 이미 할아버지보다 스마트폰을 더 잘 다룬다. '과연 내가 무엇을 가르칠 수 있을까?'라는 생각에 잠시 막막해졌다.

'학이시습지(學而時習之)'. 논어의 첫 구절이 새삼 다르게 읽혔다. 배우고 때로 익히면 즐겁지 아니한가. 계속 배워야 하는 이유는 단순했다. 꼰대가 되지 않기 위해서다. 세대 간 진정한 교류는 권위가 아닌 포용에서 시작되고 내가 모든 것을 안다는 태도가 아니라 나도 계속 배운다는 겸손에서 비롯된다는 것을 깨달았다.

『동몽선습』의 '동몽(童蒙)'은 어린아이와 같은 무지함을 말한다. 배움 앞에서는 누구나 '동몽'이 될 수 있다. 그리고 '선습(先習)'은 그런 무지한 사람이 먼저 배워야 하는 것을 의미하는데 우리가 모두 동몽임을 자각한다면 '함께 배워 나간다'라는 의미로 해석할 수 있을지도 모른다.

　진정한 사랑은 다 주는 것이 아니라 '함께하는 것'이고 진정한 가르침은 일방적인 전달이 아니라 '함께 배우는 것'이다. 내가 가진 낡은 권위를 내려놓고 다른 사람의 세계를 인정하고 존중할 때 비로소 서로 배움이 시작된다.

## 25

___

# 꼰대가 필요해

흰머리가 많아졌다. 손자 손녀가 생겼다. 이제 옛것을 말하는 게 자연스럽다. 한때 꼰대가 우스갯소리로만 들리더니 이제는 사회적 이슈가 되었다. 친구들과 만나면 서로 꼰대가 되지 않기를 바라는 마음으로 꼰대의 행태를 지적하며 웃는다. 나를 돌아보게 하는 말들이지만 모두 맞는 말이다. 그런데 최근 손자 손녀를 돌보면서 문득 다른 생각이 들었다. 내가 살아온 인생, 조상들의 기록, 우리 삶의 이야기를 들려줘야겠다는 생각.

온고이지신, 가이위사의(溫故而知新, 可以爲師矣)

옛것을 때때로 익혀 새로운 이치를 안다면

스승이 될 만하다.

『논어 학정편(論語 學政編)』


그런데 어떻게 해야 할까? 몇 해 전 아버님이 제사와 차례에 대해 하신 말씀이 떠올랐다. "제삿밥 먹으러 오는 사람도 더워서 힘들 것 같으니 내년부터는 성당에서 지내라." 어머니 기일이 한여름 복중이어서 제사상을 준비하는 며느리의 수고를 덜어주기 위해서였다. 설과 추석 차례상도 마찬가지였다. 몇 번이나 다시 차리던 차례상을 앞으로는 한 번에 공동으로 올리자고 말씀하셨다. 당시는 그저 간소화하려는 실용적인 결정으로만 여겼는데 이제 생각해보니 시대의 변화를 수용하면서도 전통의 본질은 지키려고 하셨던 아버님의 지혜였다.


꼰대가 사라져 생기는 병폐도 만만치 않다. 직장에서 다면평가 제도는 애당초 좋은 취지와 달리 '좋은 게 좋은 것'이 되고 말았고 학교에서 '사랑의 매'는 아예 존재를 감추었다. 선배는 선배 역할을 못 하고 선생님은 단순 지식 전달자로 전락했다. 이런 이야기를 구구절절 하면 나도 꼰대로 전락하는 것인가? 하지만 참다운 정치인, 존경스러운 선생님, 부모다운 부모가 더 요구되는 세상이 되어버린 것 같다. 어쩌면 이 사회가 진정한 꼰대를 필요로 하는 것 같다.

나이가 들면서 아버님, 어머님, 할아버지, 할머니와 더 많은 대화를 나누게 된다. 사진을 들여다보며 그들과 마음으로 이야기하고 기도드리고 후손들의 건강과 행복을 부탁드리기도 한다. 아버님은 항상 "시작 전 5분, 마지막 5분이 중요하다."라고 말씀하셨는데 반백이 되어서야 그 말씀이 가슴에 와 닿는다.

제사와 차례의 진정한 의미는 음식이 가득한 상이나 구체적인 의례가 아니라 과거와 현재를 잇는 끈이었다. 돌아가신 분들의 이야기가 현재로 이어지고 그 이야기가 다시 미래 세대에게 전해지는 통로였다.

진정한 꼰대는 무작정 옛것을 고집하는 사람이 아니다. 시대의 변화를 읽고 형식은 바꾸되 본질은 지키는 사람, 다음 세대에게 가치 있는 것을 전달할 줄 아는 사람이다. 아버님처럼 며느리를 배려해 제사 형식을 바꾸면서도 조상을 기억하는 본질은 놓지 않는 지혜로운 어른. 우리 시대는 이런 진정한 꼰대를 필요로 한다. 변화를 두려워하지 않으면서도 지켜야 할 가치를 아는 사람. 다음 세대와 소통하면서도 전해야 할 이야기를 간직한 사람. 설거지하고 요리해주는 셰프 할아버지가 되어 음식과 함께 삶의 이야기를 전하는 것. 그것이 과거가 현재로, 현재가 미래로 이어지는 징검다리가 되는 것이다.

단순히 옛것을 강요하는 것이 아니라 옛것에서 새로운 가치를 발견하고 전달하는 것.

전통은 단지 과거의 유물이 아니라 우리가 누구인지, 어디서 왔는지를 알려주는 정체성의 원천이다. 그것은 변화할 수 있고 또 변화해야 한다. 하지만 그 핵심 가치와 이야기는 계속 이어져야 한다.

# 26
## 취향의 대물림

●

'취향의 대물림'이라는 말을 정말 좋아했다. 자신의 취향을 누군가가 닮고 싶어 한다면 입가에 얼마나 미소가 지어질 일인가? 소리 내 표현은 못하더라도 뿌듯해하며 내 인생을 돌아볼 것 같다.

"내가 그렇게 멋지게 살았나?"라며 말이다.

대물림은 자연스럽게 자식들에게 국한되어 나와 같은 취향이 대물림되기를 바랐던 것 같다. 말은 안 해도 그렇게 해주기를 바랐다. 문화로 지칭할 수 있는 한 부분을 닮아 대물림한다면 그들도 나름 뿌듯하고 오랜 세월 속에 향기를 더할 수 있으니 말이다. 나는 문화의 전수(傳授)자가 되고 싶다는 생각으로 살아왔다. 내가 즐기고 사랑하는 것들을 다음 세대에게 전해 주는 것. 그것이 사명처럼 느껴졌다.

그런데 언제부터인지 뭔가를 대물림하는 것도 그들에게는 부담이 될 수 있다는 생각이 들었다. 그냥 자신이 좋아하는 것이면 되지 누구에게서 누구에게 대물림된다면 그것은 일정 부분 강요가 될 수 있다는 깨달음이었다.

새로운 세상, 새로운 문화를 만들어가야 할 다음 세대에게 부담을 주기 싫은 마음이 들었다. 그들은 그들만의 취향을 만들어갈 권리가 있고 그들만의 문화를 창조해나갈 자유가 있다. 내가 소중히 여기는 것들을 그들도 똑같이 소중히 여기기를 바라는 것은 어쩌면 내 욕심이었는지도 모른다. 아버지도 내게 그랬고 할아버지도 또 그 할아버지의 할아버지들도 그랬다. 각자의 시대에 각자의 방식으로 살아가며 자연스럽게 영향을 주고받았을 뿐 뭔가를 의도적으로 전수하려고 하지는 않았다. 하지만 내게는 욕심이 있었나 보다. 취향이 대물림되기를 바라는.

이제는 전수(授)할 만한 것이 업(業)으로 되지 못할 바에는 그냥 편하게 즐길 수 있는 모습으로 다음 세대에게 비춰지길 바란다. 취향으로. 지치고 힘들 때 힘이 되어 함께 즐길 수 있으면 된다. 힘들 때 머릿속을 정리해주는 잠도 좋고 수다도 좋다. 청소와 정리도 좋고 요리도 좋다. 산책도 좋고 책도 좋고 영화도 좋다. 산도 좋고 골프도 좋고 여행도 좋다. 음악도 미술도 그냥 즐길 수 있는 것이면 좋겠다. 함께해도 좋고 그냥 조용히 혼자 즐길 수 있는 것도 좋겠다. 시간 있을 때 편하게 즐길 수 있는 것이면 된다.

그중 으뜸은 감사하는 마음일 것이다. 감사하는 마음만으로도 행복해지고 마음이 차분해지니까. 이것이 내가 진정으로 대물림하고 싶은 유일한 것이다. 특정한 문화나 취향이 아닌 삶을 대하는 태도. 무엇을 하든 감사하는 마음으로 즐기는 마음으로 살아가는 것. 그것만 전해진다면 다음 세대는 각자의 방식으로 충분히 멋진 삶을 만들어갈 것이다.

제5부

인생의 유한함을 준비하다

아버지의 동창 모임 이야기가 해마다 달라졌다. "교가를 부르며 모두 울었어."에서 "휠체어 타고 온 친구가 내년에는 못 나올 것 같다며 울먹였어."로. 그리고 마침내 "모임을 접기로 했어."로. 나이가 들수록 만남은 약속이 아닌 선물이 된다. 다음에 다시 만날 수 있을지 확실하지 않기 때문에 오늘 만남이 마지막이 될 수도 있다. 그래서 오늘도 나 자신에게 묻는다.

"어떻게 기억되고 싶은가?"

비문은 죽음을 준비하는 것이 아니라 삶을 다시 설계하는 것임을 안다.

# 27

## 아버지의 동창회

생전에 동창 모임에 다녀오셨던 아버님의 말씀이 생각난다.

"오늘은 어떻게 지내셨어요?"

"어, 동창 모임에 다녀왔지. 오늘도 점심에 모여 추어탕에 소주 한 잔씩 그리고 조금 있다가 헤어졌어. 회비는 만 원!"

아버님은 그 말씀을 하시며 행복해하셨다. 모임의 내용보다 오랜 벗들을 만났다는 사실 자체가 기쁨이었을 것이다. 그런데 언제부터인지 아버님의 동창 모임 이야기가 달라지기 시작했다.

"오늘은 교가를 함께 불렀다. 모두 울었어."

그 말씀에 가슴이 먹먹했다. 팔순이 넘은 노인들이 교가를 부르며 우는 모습이 그려졌다. 무엇이 그들을 울게 했을까. 아마도 함께했던 시간, 이제는 돌아올 수 없는 청춘의 날들이 떠올랐기 때문이리라.

다음 해에는 또 달라졌다.

"오늘은 친구 하나가 며느리가 끌어주는 휠체어를 타고 나왔어. 내년에는 자기 못 나올지도 모른다고 인사하며 울먹이더라."

그 친구의 모습이 남의 일 같지 않으셨는지 아버님의 목소리도 떨렸다.

그리고 그다음 해에는 이런 말씀을 하셨다.

"동창 모임 올해까지만 하기로 했어. 내년부터는 안 하기로 했어. 모임에 나오는 애들이 매년 하나둘 줄어드니 모이면 마음만 더 아파."

해마다 한두 분씩 돌아가셨기 때문이다. 열 명이 모이던 모임이 여덟 명이 되고 다섯 명이 되고 세 명이 되어가는 것을 지켜보는 마음이 어떠셨을까.

그때는 몰랐다. 아버님이 동창 모임을 왜 그렇게 소중히 여기셨는지. 추어탕 한 그릇에 소주 한 잔, 회비 만 원의 소박한 모임이 왜 그렇게 중요했는지. 이제 나도 안다. 나이가 들수록 만남은 약속이 아닌 선물이 된다는 것을. 다음에 또 만날 수 있을지 확실하지 않기 때문에 오늘 만남이 마지막이 될 수도 있다는 것을.

요즘 나도 동창 모임에 나간다. 아직은 대부분 건강해 북적북적하다. 하지만 벌써 몇 명은 건강 문제로 나오지 못한다. 누군가는 해외에 있는 자녀를 따라갔고 누군가는 아프다는 소식도 있다.

"야, 다음에도 꼭 나와라."

"건강히 또 보자구."

헤어질 때마다 나누는 이 인사가 이전과는 다르게 들린다.

진심이 담긴 간절함이 느껴진다. 언젠가 우리도 교가를 부르며 울 날이 올까. 휠체어를 타고서라도 나가고 싶은 모임이 될까. 그리고 결국 모임을 접어야 하는 날이 오겠지. 만날 수 있을 때 만나자. 함께할 수 있을 때 함께하자. 그리고 그냥 얼굴 보고 서로 반가워 해주고.

# 28

## 짧은 만남, 긴 생각

어제 미국에서 오랜만에 친구가 찾아와 친구들과 광장시장에서 만나 소맥을 한 잔 했다. 5월 첫째 주 일요일 종묘대제가 있는 날에 연휴를 만끽하러 나온 사람들과 외국인 관광객들이 그야말로 인산인해를 이루고 있었다. 경기가 안 좋다는 말이 무색할 정도로 인파 속에서 밀리고 밀려 신기하고 흥미로웠다. 우리는 약속 장소에 미리 도착해 줄을 서 있어야 했다.

오랜만에 만나는 친구들이어서 이야기꽃이 피었다. 요즘 난

리인 트럼프 이야기부터 중국을 잡고 싶은 미국, 이미 때는 늦었다는 중국의 냉소적인 입장에 대한 이야기, 컨설팅하는 친구의 산업 전반의 동향과 대학 시절 함께했던 야학 생활까지 어느새 1시간이 금방 흘렀다. 줄 선 다른 손님들에게 미안해 다른 집으로 옮겨 이야기를 이어갔다.

　각자 제2의 인생을 살고 있어 사는 이야기는 달랐지만 오랜만에 듣는 각자 다른 삶의 모습에 우리는 귀 기울여 들었다. 또 1시간이 지나자 압이 오르는 것 같아 앉아 있기가 점점 불편해졌다. 친구들에게 양해를 구하고 미국에서 온 친구와 포옹으로 아쉬움을 달래며 먼저 자리에서 일어났다.

　집으로 돌아오는 길. 먼저 일어나 나온 아쉬움은 있었지만 잘했다고 생각했다. 앞으로 저녁 약속은 내 몸 상태로는 2시간이 한계인 것 같다고 나 자신을 다독이며 이런저런 생각에 빠졌다.

선진국 대열에 들었다지만 여전히 삶은 각박하고 주위를 돌아봐도 조용한 곳이 없다. 우리가 뽑은 역대 대통령들은 계속 탄핵과 죽음을 반복하며 나라는 소란스럽고 불안한 것 같다. 자본주의의 태생적 한계로 부의 편중은 양극단으로 흐르고 과거보다 개인의 삶은 더 소외되고 힘들어지는 것 같다.

'잘살아보세'를 외치며 달려온 시간, 생산성과 효율성만 강조한 시간, 한강의 기적과 그 위에 놓인 아파트 평수가 성공의 척도였던 시간. 그 시간 곁에 아무것도 모른 채 서 있던 아이들은 이제 성인이 되어 우리를 지켜보고 있다. 메마른 정서 속에서 자란 아이들은 더 이상 이곳에서 아이를 키울 수 없다는 무언의 항변을 하는 것 같다. 결혼을 포기하고 출산을 포기하는 그들의 선택이 우리 세대에 대한 조용한 심판은 아닐까.

지난 100년이 전쟁의 화마와 '잘살아보세'로 채워진 세월이었다면 새로 써 내려갈 100년은 달라야 한다. 집집마다 아이들이 자라고 자기 방 창가에 작고 예쁜 화분을 놓고 웃으며 밖으로 나가 뛰어노는 아이들이 많아졌으면 좋겠다.

지하철에서 내리면서 생각했다. 우리가 만든 대한민국, 세계 10위권 경제 대국. 하지만 정말 자랑스럽게 말할 수 있을까? 친구들과의 2시간이 내게 던진 질문이다. 우리가 달려온 길, 우리가 만든 세상, 우리가 남긴 것들. 이제는 속도가 아닌 방향, 성장이 아닌 성숙을 생각할 때가 아닐까. 나이가 들어 만남의 시간은 짧아졌지만 생각의 깊이는 더 깊어진다.

# 29

---

## 마음을 읽고 마음을 남기다

🔸

  죽어서 가져갈 수 있는 것이 무엇일까 생각해보니 아무것도 없다. 기껏해야 내 곁에서 울어주는 사람의 마음 정도나 가져갈 수 있을까. 부모님이 떠나실 때 나는 그 마음조차 제대로 전하지 못했다. 3일장으로 모든 것을 마무리하는 요즘 부모님을 그리워할 겨를도 없이 일상으로 돌아가야 했다. 세월이 흐른후 문득 후회가 밀려왔다. 그래서 이제는 안다. 먼저 마음을 읽어야 한다는 것을. 내 마음이 어디로 향하는지, 그 마음이 무엇을 말하려는지.

나이가 들어 글을 쓰면서 깨달았다. 마음이 말을 걸어올 때가 있다. 그럴 때 쓴 글은 나중에 다시 읽어도 그때의 감정이 되살아나 잔잔한 감동을 준다. 하지만 마음이 주지 않았던 글은 아무리 좋은 말을 써도, 아무리 아름다운 말을 써도 감동을 주지 못한다. 마음으로 쓰는 글과 생각으로 쓰는 글이 이렇게 다르다.

헨리 데이비드 소로는 『월든』에서 이렇게 썼다.

"진정으로 놀랍고 실재하는 것들은 사람과 사람 사이에 전해지지 않는다. 내 일상의 진정한 수확은 아침이나 저녁노을처럼 만질 수도 설명할 수도 없는 것들이다. 그것은 내가 붙잡은 작은 별가루이고 무지개의 한 조각이다."

The greatest gains and values are farthest from being appreciated. We easily come to doubt if they exist. We soon forget them. They are the highest reality. Perhaps the facts most astounding and most real are never communicated by man to man. The true harvest of my daily life is somewhat as intangible and indescribable as tints of morning or evening. It is a little star-dust caught, a segment of the rainbow which I have clutched.

– Walden, Higher Laws

그렇다. 마음이란 그런 것이다. 별가루처럼 손에 잡히지 않지만 분명히 존재하는 것. 무지개처럼 순간적이지만 영원히 기억되는 것. 그래서 기록한다. 기록은 기억보다 오래 남는다. 사람이 떠나도 시대가 바뀌어도 글로 남긴 마음은 전해질 수 있다. 내 마음도 아버지, 어머니의 마음도 그 윗대 어르신들의 마음도 읽을 수 있다.

딸아, 너희도 마음을 읽어주길 바란다. 아무리 참기 힘들어도 세 번 참으라는 말은 곧 진정한 네 마음을 살피라는 말이다. 인생을 살다 보면 상처도 받을 것이다. 하지만 너무 가슴 아파하지 마라. 너희를 있는 그대로 받아주지 못하는 사람이라면 그대로 가게 놔둬라. 마음에 상처를 오랫동안 가지고 있으면 자신뿐만 아니라 곁에 있는 사람들까지 힘들 수 있다. 그냥 훨훨 털어버리고 더 자유롭고 넓은 바다와 하늘을 생각하렴. 아픔은 곧 치유되고 너를 더 성숙하게 해줄 테니.

결국 가져 갈 수 있는 것도 마음이고 남기고 갈 수 있는 것도 마음뿐이다. 하지만 마음은 영원하지 않다. 나를 기억하는 사람들이 사라지면 그 마음도 함께 사라진다. 그래서 오늘도 쓴다. 별가루 같은 마음들이 사라지지 않도록. 무지개 같은 순간들이 영원히 남도록. 그리고 언젠가 너희가 이 글을 읽으며 내 마음을 느낄 수 있기를. 마음을 읽고 마음을 남기는 것. 그것이 우리가 할 수 있는 가장 아름다운 일이 아닐까.

# 30

## 자표, 스스로 비문을 적다

서재에서 몽오 할아버지가 직접 쓰신 '자표(自表)'를 흉내내 본다. 할아버지는 본인을 몽오산인(夢梧山人)으로 표현하셨 다. 좌의정을 지내시고 정조의 스승이셨던 분이 자신을 산에 사는 사람이라고만 적으셨다. 시호도 청하지 않으셨다고 한다.

공자는 60세를 이순(耳順)이라고 하며 어떤 말이든 편하게 받아들일 수 있는, 귀가 순해지는 때라고 했다. 나도 비문을 미 리 적어보려고 했다. 펜을 들고 한참 망설였다. 60년 넘게 살아온 인생을 어떻게 몇 줄로 요약할 수 있을까. 먼저 떠오른 것은 경력이었다. '삼성에서 30년 근무 후 퇴직.' 하지만 그것이 전부일까?

다시 생각했다. 어릴 때부터 뛰어나지는 못했지만 운 좋게 종합상사에 들어가 일찍부터 세상 구경을 할 수 있었고 나름 세상 속에서 내 위치를 좀 더 빨리 깨달을 수 있었다. 하지만 마음이 단단하지 못해 뜻을 크게 이루지 못했다.

가족은 어떤가. 지혜로운 아내 덕분에 20여 년 동안 홀로 되신 아버님을 돌아가실 때까지 정성으로 모실 수 있었다. 두 딸은 밝고 슬기롭게 자라 모두 출가해 사위와 손자 손녀를 얻었다. 이들을 통해 처음으로 진짜 인생이 무엇인지 알아가는 중이다.

종가의 역할에 대해서도 다시 생각했다. 과거의 전적과 유물은 이미 박물관과 연구원에 기탁·기증했다. 이제 내가 할 일은 과거에 머무는 것이 아니라 현재와 미래를 잇는 것이다. 그래서 칼리디자인을 시작했고 '과거와 현재와 미래에 대한 이야기'를 쓰고 있다. 그리고 지금은 하고 싶은 것을 하고 글쓰는 재미를 들였다. 산에 가고 벗들과 즐기니 공맹의 도가 매일 새롭다. 뒤늦게 대학과 중용을 읽으며 깨달음을 얻고 영어 원서로 월든을 읽으며 삶의 의미를 되새긴다.

며칠 후 친구들과 산에 올랐다. 정상에서 바라본 풍경이 아름다웠다. 한 친구가 말했다.

"하늘에서 지구를 보면 아직은 아름답겠지?"

그러자 다른 친구가 화답했다.

"그래, 그럼 오늘 등산의 주제는 하늘땅물벗이다!"

하늘땅물벗. 우리 선조들도 하늘과 땅과 물을 벗하며 살았다. 백성을 하늘처럼 여기고 자연과 조화를 이루며 모든 생명을 존중했다. 그것이 우리의 정신이었다.

종가의 종손이라는 위치는 차마 글로 표현할 수 없는 여러

가지 상황을 맞닥뜨리게 한다. 특히 일제강점기와 전쟁, 산업화와 민주화를 초고속으로 거친 우리에게는 더욱 그렇다. 외가는 병인양요 때 우리 군을 이끄셨던 양헌수 장군이었고 할아버지, 할머니는 근대교육을 받으셨지만 여전히 전근대를 사셨다. 집안에 남겨진 기억과 오래된 글들은 모두 학술기관과 박물관에 기탁·기증했다. 이제 내가 할 일은 과거에 머무는 것이 아니라 현재와 미래를 잇는 것이다. 그래서 칼리디자인을 시작했고 '과거와 현재와 미래에 대한 이야기'를 쓰고 있다.

이제 내 비문의 방향이 보인다. 화려한 경력이나 업적을 나열하는 게 아니라 어떻게 살려고 했는지를 기록하고 싶다.

"이 시대에 적응하려고 애썼고 뒤늦게나마 선조의 삶을 이해하려고 했고 우리 문화에 좀 더 다가가려고 했다. 칼리디자인을 창안해 과거와 현재를 이으려고 했다."

몽오 할아버지가 시호도 청하지 않으셨듯이 나도 그저 하늘땅물벗처럼 살려고 애썼던 한 사람으로 기억되면 충분하다. 비문은 죽음을 준비하는 것이 아니라 삶을 다시 설계하는 것임을 깨달았다. 어떻게 기억되고 싶은지를 생각하면 어떻게 살아야 하는지가 보인다. 불천위 종가의 종손으로서 과거에 머물지 않고 현재와 미래를 향해 항상 새로운 출발을 알리는 것. 그것이 내가 쓰고 싶은 비문이며 살아가고 싶은 삶이다.

# 31

# 멀어지니 비로소 가까워지는 것

우리는 살아가면서 많은 관계를 맺는다. 가족, 친구, 동료, 스승과 제자. 그 관계들은 우리 정체성의 일부가 된다. 하지만 가장 중요한 관계는 자신과의 관계다. 내가 나를 어떻게 바라보고 대하는지가 모든 관계의 기초가 된다는 것을 이제야 깨닫기 시작했다.

어느 날 우연히 들른 고서점에서 옛 서예 작품집을 발견했다. 거기서 본 글씨들은 단순한 문자가 아니었다. 누군가의 정신이 담긴 살아있는 흔적이었다. 그 순간 묘한 끌림을 느꼈다. '나도 뭔가를 전하고 싶다.'라는 열망이 솟구쳤다.

지난 세월을 돌아보니 '나와 나'의 관계에 소홀했던 것이 선명해졌다. 눈을 뜨면서부터 외부의 기대에 부응하기 위해 달렸고 내면의 목소리는 귀담아 듣지 못했다. 하지만 이제 그 목소리에 귀 기울일 시간이 왔다.

한국사대부리더십센터를 만들어 우리 전통 속에 담긴 지혜와 다시 연결되었다. 조선 시대 사대부들의 삶과 철학을 연구하면서 그들이 추구했던 '수기치인(修己治人)' 정신을 새로 이해하게 되었다. 자신부터 먼저 닦고 나서야 남을 다스릴 수 있다는 그 오래된 가르침이 지금의 내게 새로운 의미로 다가왔다.

칼리디자인 작품을 만들면서 나는 잊고 있던 창의성을 되찾았다. 우의정 충헌공 김구 묘역의 신도비에서 받은 영감을 디지털 작품으로 재탄생시키는 과정은 단순한 예술 활동이 아니었다. 그것은 오랫동안 가려져 있던 '진짜 나'와의 재회였다. 그 과정에서 놀라운 발견이 있었다. '멀어짐'과 '가까워짐'은 사실 동전의 양면과 같다는 것이다.

회사라는 정체성에서 멀어졌을 때 비로소 내면의 목소리와 가까워질 수 있었다. 사회적 기대와 멀어졌을 때 오히려 자신의 진짜 열정과 가까워질 수 있었다. 그리고 과거의 익숙함에서 멀어졌을 때 새로운 가능성과 가까워질 수 있었다.

칼리디자인은 이 모든 것의 결정체였다. 전통 서예의 아름다움을 현대적 기술로 재해석하는 작업은 과거와 현재, 전통과 혁신, 무엇보다 '옛 나'와 '새로운 나'를 가까워지게 하는 다리였다. 박물관 수장고에 잠들어 있던 문화유산이 현대 갤러리 작품으로 재탄생하듯이 나도 새로운 모습으로 재탄생하고 있었다.

진정한 '나'를 발견하는 여정은 계속된다. 자신과의 대화를 통한 내면의 재발견, 전통과 역사 속에서 찾은 뿌리 의식, 그리고 새로운 창작 활동을 통해 발견한 표현의 기쁨. 이것은 외부의 기대와 평가에서 멀어져 오히려 자신의 본질과 더 깊이 가까워지는 역설적인 여정이다.

칼리디자인을 만난 것은 끝이 아닌 새로운 시작이다. 새로운 나를 발견하고 새로운 관계를 맺고 새로운 가치를 창조하는 여정의 시작.

# 32

## 사명, 잊고 있던 본질을 찾아서

●

부슬비 내리던 어느 날 눈 뜨자마자 옷을 주섬주섬 차려입고 청사 김재로의 『본말록』과 『청사일기』 영인본을 찾으러 제기동 대종회 사무실로 갔다. 가는 내내 판서공파 대부님의 힌트가 있어 살짝 흥분된 마음이었는데 이전과 달리 사무실 형광등이 환하게 분위기를 밝혀줘 마치 청사 김재로 할아버지가 "『본말록』과 『청사일기』는 여기에 있다."라고 미리 말씀해주시는 것 같았다. 사무국장님이 캐비닛을 열자 거기에 그것이 있었다.

집에 돌아와 씻는 것도 잊고 저녁도 잊은 채 장서각에 기탁되어 있는 금석첩 건건이 심경호 교수님과 카톡과 전화를 주고받으며 새로운 사실에 감격하고 밤이 늦은 것도 잊었다. 12시가 다 되어갔다. 오랜만에 열중하는 내 모습을 보고 미소가 저절로 나왔다.

나를 뒤돌아본다. 조용히. 소란스럽고 화려한 것만 기억하고 싶었던 마음은 저만치 멀리하고 나의 참모습을 들여다본다. 어쩌면 별로 의미 없는 것에만 집중해온 것 같다. 지금까지 내가 중요하다고 믿어왔던 것들은 참다운 인생을 생각하는 것들과는 너무나 거리가 멀다. 열심히 산다는 명분 아래 묻혀버린 지나간 세월. '그 시간들을 좀 더 생각하고 잘 지낼 걸.'이라는 아쉬움이 남는다. 나는 이제야 깨닫는다. 마주 앉은 사람을 살리는 것이 나를 살리는 것이었음을. 왜 그렇게 혼자만 잘나고 혼자만 똑똑했는지. 마주 앉은 사람은 그저 바라만 보고 있었는데.

심경호 교수님은 평생을 연구와 논문 발표로 일관하셨던 분인데 필생의 마지막 작업으로 『본말록』과 『청사일기』를 통해 이 사회에 기여하기 위해 애쓰고 계신다. 일본 교토대가 소장 중인 조선 최고의 금석집첩과 금석속첩, 금석록에 대한 논문 마무리 작업에 이은 것이었다. 그런데 요즘 그 영인본을 출판사를 통해서도 소재 파악이 어렵다는 말씀을 들었다. 그제야 내가 가진 것, 내가 할 수 있는 것으로 누군가를 도울 수 있다는 것을 깨달았다. 대종회에서도 한 질밖에는 없어 밖으로 돌리기는 어렵지만 새로운 문명의 이기를 활용해 도와드릴 방법을 찾아야겠다.

성균관대 한문학과 김영진 교수님과 점심을 함께하며 우리나라 문화 발전에 관한 안타까운 현실 이야기를 들었다. 성균관대 동아시아한문학연구소 연구원으로서 말씀을 더 많이 들어봐야겠다. 문헌과 해석 연구자로서 나 자신도 학문의 폭을 더 넓혀야 할 것이다.

지금부터 조금만 더 잘해보고 싶다. 이제는 혼자만의 성취나 작품이 아니라 많은 사람과 함께 나누는 전시를 만들어야겠다는 다짐을 다시 한번 해본다.

제6부

**과거와 미래를 잇는 일**

박물관 수장고에 잠들어 있던 옛 글씨들이 내게 말을 걸어왔다. 읽을 수 없는 한자로 가득한 조상들의 기록 앞에서 딸에게 아무것도 설명해줄 수 없었던 부끄러움이 칼리디자인의 시작이었다. 10대를 이어온 몽오종가의 8대 손으로 나는 과거에 머물지 않고 현재와 미래를 잇는 새로운 언어를 만들기로 했다. 디지털 시대에 맞는 방식으로 전통을 재해석하니 사라진 종택 대신 전 세계가 우리의 마당이 되었다. 끊어진 대화를 다시 시작하는 것. 그것이 종가의 진정한 역할이다.

# 33

## 잊고 있던 역사와 대화하기

2011년 국립중앙박물관 전시 초청행사. 큰딸과 함께 참석했던 날이다. '삶과 죽음의 이야기, 조선 묘지명 특별전'. 전시명처럼 묵직한 전시였다. 하지만 전시장을 둘러보는 내내 딸아이에게 미안한 마음이 들었다. 우리 것에 대해 무엇을 어떻게 전달해야 할지, 아이들이 과연 무엇을 이해할 수 있을지 답답하기만 했다. 딸아이는 조용히 따라다녔지만 빼곡히 적힌 한자 앞에서 나는 설명해줄 말이 없었다. 그저 "우리 조상들의 기록이란다." 정도가 전부였다.

돌아오는 길에 문득 살아온 인생 자체가 영어와 일본어였다는 것을 깨달았다. 두 딸아이는 저마다 유학길에 올랐다. 서울 종택에서 살았던 아버지와 할아버지도 마찬가지였을 것이다. 잃어버린 200년. 그 무게가 가슴을 짓눌렀다. 서울은 지방보다 피해가 컸다. 제국주의 침략의 직격탄을 맞았고 얼마 지나지 않아 동족 간 전쟁으로 마음속 깊은 곳까지 상흔이 자리 잡았다. 종택은 간곳없고 문화는 자리 잡을 곳이 없었다. 이어진 군사정권으로 조선은 더 이상 이야깃거리가 아니었다.

서울의 몽오 종택은 사라졌지만 그 문화는 기록으로 전해진다. 그런데 아비와 두 딸은 과거에 쓰여진 한자라는 이유로 역사 속 우리들의 이야기를 읽지 못했다. 이 시대를 사는 아이들은 더더욱 관심이 없다. 그래서 세대를 이어주는 이야기가 끊겼다. 할아버지가 손자에게, 아버지가 자식에게 전해줄 옛이야기가 사라졌다.

서로 간 대화는 점점 짧아졌다. 할 말이 없고 들을 말도 없다. 천 년을 이어온 이야기들이 한자라는 벽 앞에 멈춰 섰다.

전시장에서 돌아온 나는 생각했다. 우리의 기록문화를 찾아 디자인으로 풀어내자. 아이들에게 한자로 쓰인 우리 기록문화를 조금이라도 전달해주고 싶었다. 그들이 관심을 가지려면 이 시대에 어울리는 뭔가를 찾아주어야 한다.

종가의 칼리디자인(KalliDesign)!

단순히 글자를 예쁘게 만드는 것이 아니다. 서울 종택의 문화가 어떤 것인지 상상할 수 있도록 스토리를 담는 것이다. 사라진 종택의 기억, 잊힌 조상들의 이야기, 읽을 수 없게 된 기록들을 현대 언어로 번역하는 작업이다. 그렇게 10년 동안의 준비 끝에 칼리디자인은 세상에 나왔다.

2021년 국내 갤러리에서 첫 전시를 연 데 이어 대사관 초청으로 '한국-포르투갈 수교 60주년 기념 초대전'을 리스본 카몽이스청에서 개최했다. 전시 후 몇 개월이 지나 '박물관에서 꺼내온 칼리디자인'이라는 제목으로 강의도 이어졌다. 작품 하나하나에 우리의 스토리와 문화를 담았다. 딸들이 이해할 수 있는 언어로, 손자 손녀가 관심을 가질 수 있는 형태로.

2011년 그날 전시장에서 느꼈던 민망함과 답답함이 칼리디자인의 씨앗이었다. 이제 나는 딸들과 전시장에 가면 이야기할 수 있다. "이 작품에는 이런 이야기가 담겨 있단다. 너희 증조할아버지께서 남기신 글자를 새롭게 디자인한 거야." 비로소 우리는 잊고 있었던 역사와 대화를 시작할 수 있게 되었다.

# 34

## 공공역사학자입니다

🔻

임혜련 교수님과의 첫 만남은 한국역사연구회가 주관한 학술 발표회에서였다.

2023년 늦가을,『몽오 김종수의 정조 묘정 배향과 출향, 복향의 의미』라는 발표 제목을 보고 가슴이 뛰었다. 몽오 김종수, 내 8대조 할아버지의 이름이 학술대회 주제로 올라온 것이다. 정조의 스승이자 충신으로 종묘에 함께 모셔지는 영광을 누렸고 정치적 이유로 출향되고 훗날 복향되어 다시 제자리를 찾은 파란만장한 역사. 그 역사적 부침이 학술적으로 재조명되는 자리였다. 참가 신청을 하며 조용히 방청객으로만 있어야 겠다고 생각했다.

발표회 회의장은 중앙이 빈 정사각형 형태로 테이블이 배치되어 모든 참석자가 서로 마주 볼 수 있었다. 진행자가 발표자인 임혜련 교수님을 소개하고 나서 참석자들에게 간단한 자기소개를 요청하는 순간 긴장이 밀려왔다. 대학원생, 연구원, 교수님들이 차례대로 인사하며 자신의 연구 분야를 소개했다. 내 순서가 되자 굳이 감추면 괜한 오해가 생길 것 같아 나는 몽오 김종수 종가의 종손임을 밝혔다.

당시 발표를 맡으신 임 교수님은 더 환한 미소로 반겨주셨다. 그 따뜻한 반응 덕분에 긴장이 풀렸고 다른 참석자들도 호기심 어린 눈빛으로 종가에 전해져 내려오는 이야기나 문집외 자료에 대해 궁금해했다.

교수님과의 만남은 청풍김씨 가문 연구 논문으로 계속 이어져 더 많은 대화를 나눌 수 있었다. 그리고 교수님께 지난 전시회 도록을 보여드렸다. 사라진 종가와 사라진 종손의 역할 등에 대한 안타까운 심정, 학술대회나 세미나에 그저 방관자로만 참석해야 했던 부끄러움 등 속내를 이야기할 수 있었다. 나아가 사대부 정신 등을 담은 칼리디자인을 발전시켜 종가의 종손으로서 안타까움과 부끄러움에서 벗어나고 싶다는 마음도 말씀드렸다. 그리고 기회가 된다면 칼리디자인을 논문으로 발표해보고 싶다는 말씀도 드렸다.

가을 전시 준비로 다시 만났을 때 임 교수님은 밝게 웃으며 말씀하셨다.

"선생님은 정말 공공역사학자로서의 삶을 살고 계시네요!"

내 삶 자체가 공공역사였다는 교수님의 말씀은 은퇴 후 지금까지의 내 삶을 축약하는 한마디 정의였다. 이렇게 누군가가 나를 규정해주는 것은 낯설면서도 반가운 일이었다. 그동안 막연하게 해왔던 가문의 기록과 유물을 공공재로 만든 것. 그것을 현대적 언어로 번역해 소통하려는 노력. 이 모든 것이 '공공역사'라는 이름으로 명확해지는 순간이었다.

집으로 돌아오는 길에 나는 그 말의 의미를 계속 곱씹었다. 집안의 전적과 유물을 모두 기탁·기증해 일반인에게 다가갈 수 있게 하고 부모님의 유품으로 박물관 전시를 하면서 나는 개인의 역사를 공공의 영역으로 옮기는 일을 해왔다. 가족의 사적인 기억들이 모두의 기억이 되는 순간들을 만들어 온 것이다.

어느 관람객이 박물관 유리장 안에 놓인 아버지의 유품들을 보면서 자신의 아버지를 떠올렸다면 그것이 바로 역사가 공공의 것이 되는 순간이 아닐까. 역사는 사건의 거창한 기록뿐만 아니라 우리 모두 공유할 수 있는 삶의 흔적이어야 한다는 것을 깨달았다.

회사를 떠난 후 나는 뭔가를 잃었다는 생각만 했다. 하지만 그 빈자리에는 새로운 의미가 계속 채워지고 있었다. 이제 나는 학술대회에서 과거 이야기를 듣기만 하는 방청객이 더 이상 아니다. 역사를 함께 연구하고 현재 시점에서의 의미를 찾아가는 참여자가 되었다. 종가의 8대손으로서, 한 시대를 살아가는 개인으로서 내가 할 수 있는 역할이 비로소 보이기 시작했다.

# 35

# 몽오종가 이야기

나는 몽오종가 8대손이다. 손자 손녀까지 치면 10대째 이어지고 있으니 종가로서는 비교적 짧은 역사라고 할 수 있다. 하지만 그 무게는 결코 가볍지 않다. 우리 집안의 시작은 조선 22대 정조대왕과 떼려야 뗄 수 없는 관계다. 8대조이신 몽오 김종수 할아버지는 정조의 스승이자 정치적 동반자셨다. 몽오 할아버지는 정조가 왕위에 오르는 정당성을 밝힌 『명의록』을 작성하셨고 정조 평생의 숙원사업이던 수원 화성을 후대에 온전히 복원할 수 있도록 『화성성역의궤』를 편찬하셨다. 그 덕분에 수원 화성은 유네스코 세계문화유산으로 등재되어 우리 곁에 남아있다.

몽오 할아버지는 정조와 함께 종묘에 배향되어 국가불천위로 종묘 공신전에 모셔져 있다. 매년 5월 종묘대제 때 함께 제례가 올려지고 우리 문중에서는 그보다 한 달 앞선 4월에 불천위 제례를 올린다. 그때부터 우리는 '종가'가 되었다. 우리 집안은 청풍김씨 13세 판서공파에 뿌리를 두고 있다. 몽오 할아버지 묘역은 의왕시청 옆, 판서공 김인백의 처 안동권씨 할머니 곁에 자리하고 계신다.

한때 우리 종가의 선영은 경기도 하남시 광암동에 모여 있었다. 20세 연연 김약연부터 25세 인수 김주영까지 여섯 대 조상님들이 한곳에 모셔져 있었다. 지금 그곳은 우의정 충헌공 김구 묘역과 광암 아리수 정수센터 근처다. 하지만 일제강점기와 해방, 6.25 전쟁, 근대화와 산업화의 거센 파도는 우리 선영도 비켜가지 못했다. 현재 우리가 관리하는 선영은 세 곳뿐이다. 서울올림픽공원의 우의정 충헌공 김구 묘역, 의왕시청 옆 김인백의 처 안동권씨 묘역, 충주시 중앙탑면 봉황리의 사천 김극형 묘역이다. 나머지는 모두 흩어지고 말았다.

26세이신 아버님 가당 김주호와 어머님 이수범은 공원묘지에 잠들어 계시고 특별하게도 서울역사박물관과 서울생활사박물관에도 '모셔져' 있다. 아버님과 어머님이 평생 모으신 자료들을 기증했기 때문이다. 나, 27세 운백 김인구는 아내 심희정과 함께 두 딸 현진, 현경을 낳아 키웠다. 현진은 오종한에게 시집가 시안과 시후를 낳았고 현경은 김지완에게 시집가 단아와 로베(아직 태명임)를 낳아 이제 29세에 이르렀다.

종가의 모든 전적과 유물은 이제 우리 집에 없다. 한국학중앙연구원 장서각과 박물관에 기탁·기증했다. 국립중앙박물관, 서울역사박물관, 수원 화성박물관에서는 집안의 유물로 학술대회와 전시를 이어가고 있다. 나는 이제 칼리디자인이라는 새로운 방식으로 종가의 이야기를 전하고 있다. 과거와 현재와 미래를 잇는 작업이다. 그 시작은 서울올림픽공원 내에 있는 우의정 충헌공 김구 묘역의 신도비였다. 그곳에서 받은 영감이 나의 첫 전시 모티브가 되었고 이제는 국내외 전시로 이어지고 있다. 10대. 결코 길지 않은 역사이지만 그 안에는 조선 후기 격동기와 근현대의 아픔, 새로운 희망이 모두 담겨 있다. 나는 이 모든 이야기를 품고 다음 세대에게 전하는 종가의 8대 손이다.

# 36

계민가, 백성을 향한 90행의 편지

●

성균관대 한문학과 김영진 교수님으로부터 뜻밖의 연락을
받았다.

"선생님, 몽오 어르신이 한글 가사를 쓰신 거 알고 계신가
요?"

나는 깜짝 놀랐다. 몽오 할아버지의 모든 전적은 거의 한자
로 기록되어 있는 것으로 알고 있었는데 한글 가사라니. 김 교
수님은 20여 년 전 윤창후의 『야연만록』을 해제하면서 발견했
던 사실을 어제야 비로소 기억해내셨다고 했다. 함께 계시던

김보성 교수님도 규장각 한국학연구원 정기선 교수의 연구논문을 찾아 알려주셨다.

'계민가(誡民歌)'는 90행에 달하는 한글 가사다. 1784년 몽오 할아버지가 양주 목사로 부임하셨을 때의 일이다. 당시 양주는 연이은 기근으로 백성들이 굶어 죽어가고 길가 구덩이는 시신들로 가득했다. 할아버지는 이 참혹한 상황을 정조에게 직접 보고해 진휼하도록 하고 백성들을 위로하는 한글 가사를 지으셨다.

이 가사를 들은 양주 백성들은 모두 감읍해 눈물을 흘리지 않은 자가 없었다고 한다. 이를 목격한 윤창후는 자신의 저서에 할아버지에 대한 존경과 감동의 마음으로 이 글을 필사해 남겼다. 그 덕분에 오늘날 우리가 읽을 수 있게 된 것이다.

할아버지는 '맥반정승(麥飯政丞)'으로 불리셨다. 임지로 떠나는 고을 수령들에게 보리밥과 김치, 막걸리 한 잔을 해마다 대접하시며 "잘 차려진 밥상은 백성들의 고혈임을 잊지 말라." 라고 당부하셨다는 일화가 전해진다. 더 놀라운 것은 당시 할아버지는 정조의 고굉지신(股肱之臣)으로 불릴 정도로 국왕의 국정 운영에 핵심적인 역할을 담당하던 최고위층 관료였다는 점이다. 그런 분이 늙으신 어머님을 모실 수 있는 지방 한직인 양주 목사를 자처하고 나섰다. 권력의 중심에서 벗어나 백성들 곁으로 가신 것이다.

'계민가'를 읽으며 가장 인상 깊었던 것은 할아버지가 백성들을 높이고 그들과 함께한 것을 보여주는 대목들이다. 조선 시대 관료이자 성리학자로서의 참모습, 선비와 사대부가 무엇을 진정한 가치로 삼았는지를 생생히 보여준다. 정기선 교수님은 "교훈 가사 대부분이 작자 미상이거나 향촌 사족의 작품인데 최고위층 관료 문인의 작품이라는 점에서 자료적 가치가 상당하다."라고 평가하셨다. 하지만 내게는 그보다 더 큰 의미가 있다. 한자가 아닌 한글로, 백성이 읽고 들을 수 있는 말로 쓰신 할아버지의 마음이 느껴지기 때문이다.

더 기쁜 소식도 있었다. 양손자 김동선 할아버지가 몽오 할아버지의 생애를 한글로 번역한『왕고행장초략』도 발견되었고 김직성, 김규복, 김진교 할아버지들도『몽오집』발간을 위해 노력하신 점들이 밝혀지고 있다.

몽오종가의 종손으로서 기쁨이 배가 된다. 할아버지의 정신이 대대로 이어져 왔음을, 그리고 지금도 많은 분이 그 가치를 알아주고 계심을 확인했기 때문이다. 불천위를 맞아 이런 소중한 사실을 알려주신 김영진 교수님과 김보성 교수님께 다시 한번 깊이 감사드린다. 모든 분께 감사하다.

# 37

# 조선과 사대부를 다시 보다

꽤 오랫동안 해외 생활을 한 옛 친구가 한국을 찾아왔다. 둘 다 머리가 희끗희끗하다. 독립문역 영천시장에 들러 꽈배기를 사 스타벅스에 조심스럽게 가지고 들어갔다. 백팩에 무심코 넣어둔 2021년 칼리디자인 전시 도록을 꺼내 그에게 주었다. 미국에 있어 전시를 못 본 기억이 있어 때마침 잘되었다고 생각했다. 작품들을 꼼꼼히 살펴보며 배경과 글들에 대해 묻고 대답했다. '참 좋다.'라는 진심이 느껴졌다. 광화문을 지나 덕수궁 길로 걸어오면서 두런두런 이야기꽃을 피웠다. '오늘 대화를 녹음이라도 해두었으면 좋았을 텐데.'라는 생각이 들었지만 분위기가 어색해질까봐 그만두었다.

친구가 말했다.

"조선은 양반과 사대부가 말아먹었다. 정확히 말하면 서인 노론이 망국의 길로 들어서게 한 것 아닌가?"

나는 맞다고 했다. 19세기 말 그들이 주도 세력이었으니. 하지만 어떻게 500여 년을 유지했을까? 중국이나 서구 유럽의 절대왕정을 막기 위해 왕권과 신권의 균형을 꿈꾸었던 정도전의 '사대부의 나라'는 조선을 견고하게 만들어 임진왜란과 병자호란을 겪고도 살아남게 한 것은 아니었을까?

역사는 승자 편에서 기록된다. 우리는 정반합의 논리로 말한다면 제대로 망한 적이 없다. 임진왜란 때도 일제강점기 때도 외세의 힘으로 나라를 되찾았다. 조선은 제대로 망하지 못한 채 일제로 넘어갔고 일제는 조선에 의해 제대로 탈환되지 못한 채 자유민주주의 국가가 되었다. 공백의 역사다.

"영·정조 시기가 조선 문화의 절정기였는데 그 이후부터 망국의 길로 접어든 것 같다."라는 친구의 말에 나는 대답했다. 문화가 가장 발달하고 정치가 안정기에 접어들면 역사적으로 그다음은 쇠퇴기다. 더구나 서인 노론이 거의 1당 체제를 이루면서 균형과 견제 시스템이 사라진 것이 망국을 가속화했다. 그래도 영·정조 시대에는 과거제도가 살아있었다. 제대로 된 인재가 정상적인 절차로 백성을 근본으로 하는 관료로 선발될 수 있었다. 과거 급제자의 평균 연령은 40대였고 손자와 함께 응시하기도 했는데 이런 인재 등용 시스템이 19세기에 무너져버린 것이다.

"솔직히 조선은 인간적으로 매력이 없다. 서구 유럽의 기사도 정신과 일본 사무라이 정신과 비교하면 조선은 남성으로서 느낄 수 있는 멋이 없었던 것 같다."

하하! 그건 반은 맞고 반은 틀리다. 매스컴과 자본력이 그들의 이미지를 미화했다. 서구 기사도의 폐해, 사무라이들의 권력 암투는 조선의 양반 못지않았다. 하지만 그들의 젠틀맨십과 할복만 미화한다면 조선 사대부들의 청백리 정신과 시대정신은 무가치한 것으로 전락한다.

다음으로 선비와 사대부의 차이는 정치 참여 여부다. 과거시험을 포기하고 지방에서 후학을 가르치던 사람들이 선비이고 과거급제를 통해 정치에 참여한 사람들이 사대부다. 다만, 그 사대부가 되기 위한 과거시험장 독점은 지금의 강남 대치동과 마찬가지로 서울(한양)에 독점되어 있었다. 그만큼 고른 인재 등용에는 한계가 있었던 것 같다. 조선 500년 중에 영남에서는 정승을 2~3명, 한양에서는 한 가문에서 4대에 걸쳐 6명을 배출하기도 했다.

근 반세기 동안 군사정권은 지식인이 선비로만 남기를 바랐다. 정치는 그들의 전유물이 되었고 정치에 참여했던 사대부들은 조선을 망국으로 이끈 원흉으로 전락했다. 선비정신은 퇴색되고 사대부라는 말은 왜곡되어 사용되지도 않게 되었다.

역사를 바라볼 때 당시의 눈으로 바라볼 수 있는 여유가 필요하다. 우리는 현재의 눈, 현재의 이해관계로 역사를 이해하려고 한다. 수많은 사람이 살고 죽었던 실타래 같은 관계를 현재의 잣대로 이해한다면 작은 개미구멍만 보고 거대한 개미집 타운과 대자연을 놓치지 않을까?

오랜만에 대화다운 대화를 나누니 헤어짐이 아쉬웠다. 웃으며 즐겁게 이야기했지만 지금 와서야 이런 이야기들을 다시 정리해야 한다는 사실에 우리는 잃어버린 세월을 산 것 같다는 안타까움이 남았다.

# 38

얽힌 역사의 실타래를 푸는 새로운 언어

●

친구와 나눈 긴 대화 끝에 우리는 한 가지 결론에 도달했다. 칼리디자인을 이해하기 위해서는 역사에 대한 이해, 조선에 대한 이해가 선결되어야 한다는 것. 조선은 어떤 시대정신을 가졌으며 그 주도 세력인 사대부들은 어떤 가치 기준을 가졌는지에 대한 이해가 필요하다.

칼리디자인은 조선의 기록문화, 우리의 옛 글자인 한자의 상형성과 예술성을 디자인화하는 작업이다. 단순히 글자를 예쁘게 만드는 것이 아니다. 그 안에 담긴 정신과 이야기를 현대적으로 재해석하는 것이다. 몽오종가의 스토리와 한자를 디자인화해 우리와 친근하게 만든다. 이는 과거의 딱딱한 기록을 현재의 살아있는 이야기로 변환하는 작업이다.

"할아버지, 이 글자는 뭐예요?"

"이건 말이다. 너희 증조할아버지께서 쓰신 글자란다. 여기 보면…"

손자 손녀와 대화하는 할아버지의 옛이야기를 담는 종가의 칼리디자인은 과거와 현재를 잇는 소통이자 대화다. 이렇게 시작되는 대화는 단순한 글자 설명을 넘어선다. 그 시대의 정신, 조상의 삶, 우리가 잊고 있던 가치들이 자연스럽게 전해진다.

나아가 칼리디자인은 실타래 같은 국가 간 이해관계를 풀어주는 대화다. 리스본에서 열린 한국-포르투갈 수교 60주년 기념 전시에서 느꼈듯이 언어와 문화의 장벽을 넘어서는 소통의 도구가 된다. 한자의 상형성은 동서양을 넘어 누구나 감상할 수 있는 예술이다. 거기에 담긴 이야기를 현대적으로 풀어내면 그것은 새로운 문화 교류의 매개체가 된다.

칼리디자인은 결국 우리가 잃어버린 것을 되찾는 여정이다. 조선 사대부들이 추구했던 청백리 정신, 선비들의 학문적 열정, 무엇보다 우리 조상이 남긴 기록의 가치를 재발견하는 것이다. 친구에게 전시 도록을 보여주면서 시작된 대화는 결국 여기까지 왔다. 역사를 당시 눈으로 보고 그 안에 담긴 정신을 현재의 언어로 번역하는 것. 그것이 칼리디자인이 추구하는 것이다.

꽈배기와 함께 시작된 오후의 대화는 새로운 발견으로 이어졌다. 잃어버린 줄로 알았던 우리의 정신과 문화가 사실 여전히 우리 안에 살아있다는 것. 단지 그것을 꺼내 현재의 언어로 표현하는 방법을 몰랐을 뿐임을 깨달았다.

다른 한 친구가 공항에서 전화를 했다. 간다고. 건강하자고. 그리고 앞으로 우리가 활동할 수 있는 시간은 길어봤자 10~15 년이라고. 세어보면 만날 수 있는 날들은 30~50번. 하지만 그 것도 불확실하다고. 건강하자고.

# 39

---

## 박물관에서 꺼내온 칼리디자인

몇 년 전 이맘때쯤 서울특별시 50플러스센터에서 강의가 기획되었다. 강의와 답사로 이루어진 6회차 2시간씩으로 편성된 프로그램이었다. 그동안 내 경력과 전문성과는 다소 거리가 있어 프로그램을 운영하는 진행 측에서도 금융 쪽을 강의하는 게 어떻겠냐는 말이 있었다. 하지만 한 해 전 열었던 전시회의 여운이 아직 남아있었고 무엇보다 인생 2막을 새로 써보자는 욕심이 앞섰다. 우의정 충헌공 김구 묘역의 신도비에서 받은 영감을 디지털 작품으로 재탄생시킨 칼리디자인(KalliDesign)

프로젝트를 강의로 풀어내고 싶었다.

강의 구성은 이렇게 짰다. 1회차는 국내 전시회 때 2층에 걸려 있던 작품들로 시작하고 2회차는 작품 영감의 원천이었던 서울올림픽공원 우의정 충헌공 김구 묘역 답사로 편성했다. 3, 4, 5회차는 배경 설명에 할애했다. 6회차는 인생을 돌아보는 계기가 되길 바라며 전시 공간 1층에 걸려 있던 작품 설명으로 마무리했다. 작품에 직접적인 영향을 미친 것은 묘역의 신도비였지만 내 생각이 어떻게 현재에 이르렀는지를 설명할 필요가 있었다. 이전 전시였던 'Road 길, 과거와 현재와 미래에 대한 이야기' 전시 도록에 담지 못했던 이야기들을 풀어볼 생각이었다.

문제는 강좌명이었다. '칼리디자인(KalliDesign)'이라고 하면 디자인 실습 강좌로 오해받을 것 같았고 '과거와 현재와 미래에 대한 이야기'는 역사 강좌처럼 들렸다. 강의 날짜는 다가오고 홍보는 해야 하는데 여전히 적절한 강좌명을 찾지 못하고 있었다. 진행자에게 괜한 미안한 마음까지 들었다. 6시간이라는 제한된 시간에 과거와 현재와 미래를 어떻게 다 담을 수 있을까? 욕심을 버리고 관심 있는 부분만 다루기로 했지만 그것도 쉽지 않았다.

다행히 강의 내용에 흥미를 가진 담당자로부터 며칠 후 연락이 왔다.

"'박물관에서 꺼내온 칼리디자인' 어때요? 그냥 어렵게 생각하지 말고 영문 from Museum to Gallery 내용 그대로 하시면 되잖아요!"

매우 흡족했다.

이렇게 간단한 답을 왜 생각하지 못했을까?

사실 이번 작품들은 우의정 충헌공 김구 묘역과 특히 신도비 글자들을 보고 영감을 얻었지만 실제로는 수장고에 있는 탁본을 컴퓨터 그래픽, 그것도 디지털 컴퓨터 시대를 맞아 비로소 작품으로 가능해진 것이다.

'어려운 문제들도 쉽게 생각하면 의외로 쉽게 풀린다는 것을 왜 미처 생각하지 못했을까?'라는 생각이 들었다. 마감이 임박해서야 홍보가 이루어졌지만 다행히 수강생들이 모였고 강좌는 성공적으로 진행되었다.

# 40

## 종가의 칼리디자인, 세계로 나아가다

홍콩대 주최로 열린 국제학술대회(2025.1.16~19)에 발표자로 참석하고 돌아왔다. 이번 홍콩 출장은 내게 나름 큰 의미가 있었다. 작년 6월부터 거의 반년 동안 준비해왔다는 기간적 의미도 있었지만 무엇보다 국제무대에 종가의 칼리디자인을 학술적으로 접근해 선보였다는 점에서 의미가 컸다. 해외전시에 이은 또 다른 시도였다.

종가의 칼리디자인은 조선의 기록문화가 지닌 진정성과 한자의 상형성, 예술성을 디자인으로 표현한 작업이다. 한자를 전혀 모르는 아이들, 그로 인한 세대 간 단절, 국가 간 소통의 벽을 조금이나마 해소하려는 바람에서 출발했다. 이런 마음이 학계에도 전해져 14회째를 맞는 국제학술대회에서 발표할 기회가 주어졌던 것 같다.

10여 년 만에 방문한 홍콩은 눈에 띄게 달라져 있었다. 과거 비즈니스와 연수로 방문했던 때와 전혀 다른 목적이어서 그런지 생소하게 느껴졌다. 홍콩이 뉴욕, 런던과 더불어 3대 국제금융시장의 위상을 지녔을 때 자주 방문했던 경험이 있지만 이번은 달랐다. 출발 전 몸이 안 좋아 가족을 걱정시켰지만 과거 직장생활 경험을 살려 하루 일찍 도착해 워밍업했다. 그 덕분에 학술대회 일정을 별 탈 없이 소화할 수 있었다.

컨퍼런스 기간 중 해외 교수, 연구원들과 대화를 나눌 수 있었다. 성균관대 한문학과 김영진 교수님과 고려대 한문학과 양원석 교수님의 소개 덕분이었다. 특히 포르투갈에서 오신 중국 교수님이 카몽이스청에서 열린 칼리디자인 전시에 큰 관심을 보여주신 것이 인상적이었다. 고려대 팀과 함께한 홍콩 침례대 방문, 특히 총장 관저에서의 만찬은 잊지 못할 추억이 되었다. 김보성 교수님 덕분에 홍콩의 깊은 매력을 느꼈고 김 교수님의 언니분이 홍콩대 경영학과 교수로 계셔서 함께 자리할 수 있어 더 뜻깊은 시간이 되었다.

아쉬운 점도 있었다. 홍콩 반환 이후 중국 사회주의 영향으로 학술대회가 일반에게 공개되지 않아 더 많은 사람과 소통할 기회가 제한적이었다. 또한, 내 중국어(광둥어, 만다린) 실력이 전무해 많은 정보를 놓쳤다. 영어도 자유롭지 못해 한계가 있었다. 하지만 유럽 대륙의 끝 카보 다 호카(Cabo Da Roca)에서 포르투갈 대문호 카몽이스가 읊었던 시구인 '이곳은 대륙의 끝, 또 다른 시작을 알리는 곳'처럼 나는 항상 새로운 시작을 알릴 것이다. 불천위 종가가 과거에 머물지 않고 현재와 미래로 나아가며 끊임없이 새로운 출발을 알릴 것이다. 그것이 새로운 도전이고 삶의 의미일 테니까.

종가의 칼리디자인은 이제 한국과 포르투갈을 넘어 홍콩으로, 나아가 미국과 중국, 일본을 잇는 다리가 되고 있다. 과거의 기록이 현재의 디자인이 되고 그것이 미래와 소통이 되는 것. 이것이 내가 걸어가는 길이다.

# 41

## 새로운 명함을 쓰다

후배 장남의 결혼식. 은퇴 후 오랜만에 선후배가 한자리에 모였다.

"요즘 김 작가는 어떻게 지내시나?"

칼리디자인 작품활동 하는 것을 알고 있던 선배의 물음에 나는 준비했다는 듯이 명함을 꺼냈다. 선배에게 드리고 동료와 후배들에게도 하나씩 건넸다. 한 친구가 명함을 받아들고는 의아해 했다.

"뭐 이렇게 많아? 이게 다 뭐야?"

공공역사학자, 성균관대 동아시아한문학연구소 연구원, 칼리디자이너, 몽오 김종수 종가 종손… 친구가 하나씩 읽어 내려가는 동안 나는 당황스러우면서도 왠지 시원하다는 마음이 들었다.

  '그래. 내가 뭘 하는 사람인지 나도 한마디로 설명하기 어렵다.'

  삼성에 있을 때는 간단했다. '회사명, 소속, 직함, 김인구.'

  그것으로 충분했다. 더 이상 설명이 필요 없었다. 그룹 내 회사를 몇 군데 옮겨 다녀도 조직이 나를 설명해주고 직함이 나를 규정했다. 하지만 이제는 다르다. 내가 하는 일들로 나 자신을 설명해야 한다.

  명함을 만들면서 고민이 많았다. 어떤 이름표를 달아야 할까? 그런데 이상하게도 '삼성'이라는 이름표를 떼고 나니 직함이 오히려 많아졌다. 내 이름 아래 숨겨져 있던 나의 진짜 모습들이 하나둘 드러나기 시작한 것이다.

공공역사학자로서 나는 개인의 역사를 모두의 역사로 만든다. 아무리 사소한 일도 역사적 맥락을 찾아 과거와 현재, 미래와 연결한다. 때로는 지적 함양을 위해 연구원으로서 도서관과 세미나장을 찾아간다.

칼리디자이너로서는 전통과 현대를 잇는 다리 역할을 한다. 칼리디자인(KalliDesign)은 내가 만든 신조어다. 그리스어 칼리그라피아의 '칼리'와 영어 '디자인'을 합친 말이다. 수천 년 동안 우리 역사를 기록해온 한자가 무가치하게 사라지는 것이 안타까워 시작했다. 한자를 낯설지 않게 현대적 조형으로 가져오고 그 속에 담긴 이야기들을 생활 속 디자인으로 풀어낸다. 한자를 모르는 젊은 세대와 소통하고 나아가 국가 간 문화교류의 매개체가 되길 바라는 마음을 담았다.

몽오 김종수 종가 종손으로서는 의무와 책임을 짊어진다. 몽오 할아버지가 간절히 바랐던 국가적 대의를 밝히고 종가에서 대를 이어 지키려고 했던 명의와 대의의 이야기들을 하나둘 찾아 나간다. 처음에는 각 역할에 대한 책임감의 무게에 억눌렸지만 이제는 이 모든 일이 내 이름 하나에 수렴되고 있음을 느낀다. 각 호칭은 내가 세상과 만나는 다양한 방식이며 나를 의미 있게 규정해주는 이름이다. 이제 또 다른 이름이 추가되어도 좋다. 그것은 내 삶의 영역을 넓혀주고 나를 더 풍성하게 설명해줄 테니까.

"복잡한 명함이네. 그런데 어쩐지 김 작가답다."

친구의 말에 모두 웃었다. 그렇다. 이제 명함은 회사 중심이 아닌 나 중심으로 쓰인다. 조직의 한 부품이던 김인구가 아니라 다양한 영역에서 활동하는 김인구라는 한 사람으로. 친구들은 복잡하다고 여전히 생각하겠지만 그것이 나다. 나는 이 복잡함이 좋다. 단순한 하나로 규정되지 않는 삶. 그것이 내가 채워가는 멀어지기 연습의 결과다.

에필로그

# 물음표에서 쉼표로

삼성에서 퇴사하던 날 나는 물음표였다.

"30년 동안 내 이름은 무엇이었을까?"

"이제 나는 누구인가?"

"앞으로 무엇을 해야 하는가?"

끝없는 질문들이 꼬리를 물었다. 답을 찾으려고 할수록 더 많은 물음표가 생겨났다. 불안했고 때로는 두려웠다.

그런데 이 책의 원고를 써 내려가며 깨달았다. 지금 내가 하는 것들이 과거와 어떻게 연결되어 있는지, 그리고 미래에 어떤 의미가 될 수 있는지를. 현재까지의 여정을 차근차근 되짚어보니 나 자신에 대한 물음표가 어느새 쉼표로 바꾸고 있었다.

물음표는 대답을 재촉한다.

쉼표는 숨을 고른다.


물음표는 불안하게 서성인다.

쉼표는 잠시 멈춰 서서 둘러본다.


내가 새로 시작한 칼리디자인도 그런 쉼표가 되었다.

몽오종가의 오래된 기록을 현대 언어로 번역하며 나는 비로소 숨쉴 수 있었다. 서둘지 않아도 되었다. 과거와 현재가 만나는 그 지점에서 나는 편안하게 머물 수 있었다.

이 작업이 누군가에게도 그런 쉼표가 되길 바란다.

잠시 멈춰 서서 자신의 뿌리를 돌아보는 시간. 전통이 박물관의 유물이 아니라 살아 숨 쉬는 이야기임을 발견하는 순간 그 쉼표 너머로 각자의 새로운 문장이 시작되길.

쉼표는 끝이 아니다.

다음 호흡을 위한 준비다.

언젠가는 삶의 끝에서 마침표를 찍겠지만

그때까지는 계속 쉼표로 이어갈 것이다.

당신의 물음표가 쉼표가 되기를.

그 쉼표에서 새로운 숨결을 찾기를.

진정한 나를 만나려는 모든 사람에게

이 고요한 응원을 보낸다.

# 멀어지기 연습

퇴직 그리고 이후의 삶

초판 1쇄    2025년 9월 22일

**지은이**    김인구
**펴낸이**    홍순제
**펴낸곳**    주식회사 성신미디어

**주소**    경기도 파주시 조리읍 전지미말길 101-10
**전화**    02 - 2671 - 6796    **팩스**    031 - 943 - 6795
**등록**    2016 - 00025호    **ISBN**    979 - 11 - 90917 - 20 - 9 (03190)

**기획 및 총괄**    홍현표
**교정 및 교열**    박진영    **디자인**    윤정아

**성신미디어 홈페이지** www.sungshinmedia.com
**출판 사업부 대표 메일** book@sungshinmedia.com
**출판사 인스타그램** @libretto_books
**유튜브 채널** 배워보소서 @learningshares

* 리브레토(Libretto)는 (주)성신미디어의 출판 브랜드입니다.
* 잘못 만들어진 책은 구입하신 곳에서 교환해 드립니다.
* 이 책에 대한 의견이나 오탈자 및 잘못된 내용의 수정 요청은 이메일로 알려주십시오.